Herrenhäuser und Landsitze
in Brandenburg und Berlin

Matthias Barth

Herrenhäuser und Landsitze in Brandenburg und Berlin

Von der Renaissance bis zum Jugendstil

Bergstadtverlag
W. G. Korn · Würzburg

Sämtliche Fotos hat der Autor eigens für dieses Buch aufgenommen.

Autor und Verlag danken jenen Eigentümern und Persönlichkeiten, welche die Texte und Bilder zu ihren Häusern überprüft und freigegeben haben.

Abbildung auf der Umschlagvorderseite: Schloss Reckahn (vgl. S. 148–153)
Abbildungen auf der Umschlagrückseite:
Wolfshagen – Steinhöfel – Diedersdorf – Berlin-Lankwitz
Abbildung auf dem Frontispiz: Der Wintergarten des Palais Pannwitz in Berlin-Grunewald (vgl. S. 34–37)

Die Deutsche Bibliothek verzeichnet diese Publikation in der Deutschen Nationalbibliografie; detaillierte bibliografische Daten sind im Internet über http://dnb.ddb.de abrufbar.

2., verbesserte Auflage 2009
Wilhelm Gottlieb Korn, Würzburg
www.bergstadtverlag.de

Konzept und Lektorat: Thomas Theise, Regensburg
Umschlaggestaltung und Satz: Martin Grundmann, Hamburg
Druck und Bindung: Graspo CZ, a.s.
ISBN 978-3-87057-292-1

Inhalt

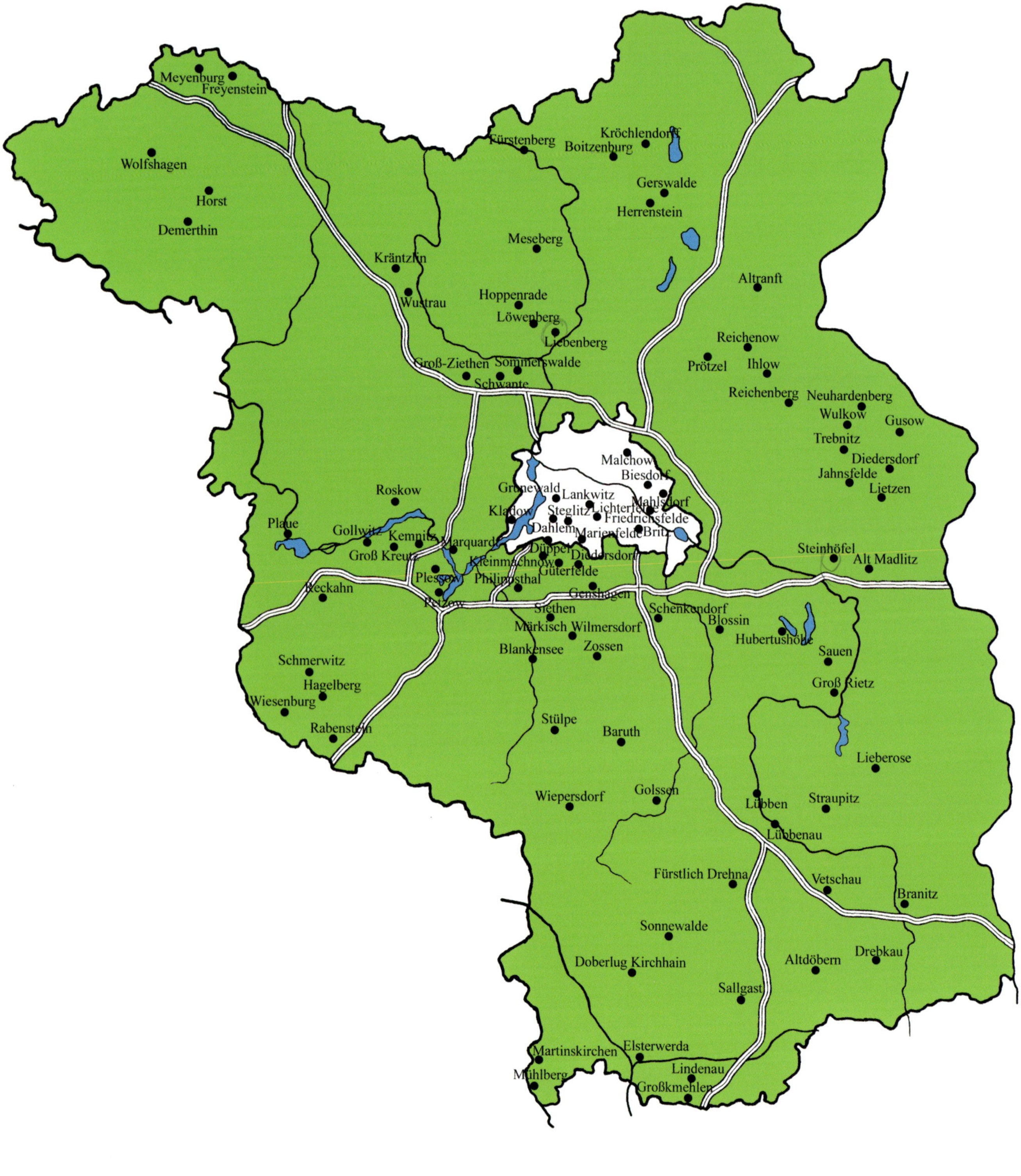
Meyenburg
Freyenstein
Wolfshagen
Horst
Demerthin
Fürstenberg
Boitzenburg
Kröchlendorf
Gerswalde
Herrenstein
Meseberg
Kräntzlin
Wustrau
Hoppenrade
Löwenberg
Liebenberg
Altranft
Reichenow
Prötzel
Ihlow
Groß-Ziethen
Sommerswalde
Schwante
Reichenberg
Neuhardenberg
Wulkow
Gusow
Trebnitz
Diedersdorf
Jahnsfelde
Lietzen
Malchow
Biesdorf
Mahlsdorf
Lankwitz
Steglitz
Friedrichsfelde
Dahlem
Marienfelde
Britz
Roskow
Plaue
Gollwitz
Kemnitz
Groß Kreutz
Düppel
Diedersdorf
Kleinmachnow
Güterfelde
Philippsthal
Steinhöfel
Alt Madlitz
Reckahn
Genshagen
Siethen
Schenkendorf
Blossin
Märkisch Wilmersdorf
Hubertushöhe
Blankensee
Zossen
Sauen
Schmerwitz
Hagelberg
Wiesenburg
Groß Rietz
Rabenstein
Stülpe
Baruth
Lieberose
Wiepersdorf
Golssen
Lübben
Straupitz
Lübbenau
Fürstlich Drehna
Vetschau
Branitz
Sonnewalde
Doberlug Kirchhain
Altdöbern
Drebkau
Sallgast
Martinskirchen
Elsterwerda
Lindenau
Großkmehlen

Einführung

So selbstverständlich der Begriff »house« im angelsächsischen Raum für schlossartige Residenzen aller Art verwendet wird, so erklärungsbedürftig ist das Wort Herrenhaus im deutschen Sprachgebrauch. Obgleich diese Bezeichnung gewohnheitsmäßig meist als Synonym für kleinere Schlösser im ländlichen Raum verwendet wird, gibt es eine zumindest vordergründig eindeutige formale Unterscheidung zwischen beiden Architekturgattungen. Während als Herrenhaus oder Gutshaus der Wohn- und Verwaltungssitz eines Landadeligen – seit Beginn des 19. Jahrhunderts auch nichtadeliger Gutsbesitzer – bezeichnet wird, handelt es sich bei einem Schloss um eine landesherrliche Residenz. Diese funktionelle Unterscheidung besagt zwar wenig über die architektonische Gestaltung des Gebäudes, wohl aber einiges über seine Lage und sein Umfeld. Während das ausschließlich Repräsentations- und Wohnzwecken dienende Schloss meist in der Landeshauptstadt oder deren Umgebung lokalisiert ist, bildet das Herrenhaus den Mittelpunkt eines landwirtschaftlichen Gutes und ist entsprechend von dessen Funktionsgebäuden flankiert. Die allgemeine Begriffsverwirrung rührt auch daher, dass beide Typen in der Regel architektonisch nur hinsichtlich Ihrer Größe und Ausstattung unterschieden sind. Da ein Landadliger zumeist nicht über die Mittel eines Kurfürsten oder Königs verfügte, handelt es sich bei den Herrenhäusern um weniger aufwendige Bauten. Auch von dieser Regel gibt es jedoch eine Reihe eindrucksvoller Ausnahmen. Die Schicht der Landadligen oder Junker war natürlich denkbar heterogen. Neben den zahlreichen einfachen Gutsbesitzern gab es mit Grundbesitz ausgestatte Günstlinge des Hofes oder Offiziere wie die Bülow, Derfflinger oder Ziethen, aber auch alteingesessene, weit verzweigte Familien mit umfangreichem Landbesitz wie etwa die Arnim, Edlen Gans von Putlitz oder Rochow. Dementsprechend findet man unter den Herrenhäusern neben sehr schlichten einflügeligen Bauten von den Ausmaßen eines großen Bauernhofes viele prunkvolle Großbauten, die äußerlich wie landesherrliche Residenzen anmuten.

Mit der Wahl des Buchtitels soll also lediglich gesagt werden, dass es hier nicht um die hinlänglich bekannten Schlösser der Hohenzollern geht, sondern ausschließlich um die vielen weniger prominenten, größtenteils von aristokratischen, seit den Stein-Hardenbergschen Reformen aber auch von bürgerlichen Auftraggebern errichteten Repräsentationsbauten, die auf das gesamte Gebiet der heutigen Bundesländer Brandenburg und Berlin verteilt sind. Ungeachtet dieser Definition werden diese Bauten auch hier – dem allgemeinen, auch von Fontane gewählten Sprachgebrauch folgend – zumeist als Schlösser bezeichnet. Der historische Bogen spannt sich dabei von der Renaissance bis zu den Prunkbauten der späten Kaiserzeit, bei denen an die Stelle der adligen Großgrundbesitzer ein wohlhabendes Großbürgertum getreten war, das nun über die Mittel verfügte, sich mit den baulichen Insignien aristokratischer Repräsentation zu schmücken.

Es versteht sich dabei von selbst, dass sich die Auftraggeber dieser Bauten stets an den Vorbildern in Berlin und Potsdam – in der Niederlausitz an Dresden – orientierten und sie gelegentlich sogar von denselben Architekten ausführen ließen. Entsprechend sind die Herrenhäuser sowie die Parkanlagen und Nebengebäude, mit denen zusammen sie ein geschlossenes Ensemble ergeben, nur im Kontext der brandenburgisch-preußischen Geschichte und Kulturgeschichte zu verstehen.

Das hier behandelte Thema ruft unvermeidlich auch in anderer Hinsicht unterschiedliche Assoziationen hervor. Der Zwiespalt resultiert zum einen aus der gleichzeitigen allgemeinen Über- wie Unterschätzung der märkischen Kulturlandschaft. Zum anderen ist er eine Folge der verwirrenden Informationen über die Verheerungen der Kriegs- und Nachkriegszeit. Die Gleichzeitigkeit der Klischees vom Prunk der friderizianischen und wilhelminischen Architektur und der kargen märkischen »Streusandbüchse«, die wie alle Stereotypen jeweils auch ein Stück Wahrheit enthalten, findet in der Realität in mancher Hinsicht Ihre Bestätigung. Die dünn besiedelte Mark Brandenburg zählte vor dem Krieg erstaunlicherweise zu den an Schlössern und Herrenhäusern reichsten Kulturlandschaften in Deutschland. In vielen Landstrichen trifft man im Abstand von zehn bis fünfzehn Kilometern auf derartige Gebäude. Der Landadel in der Mark Brandenburg war zwar wie überall bestrebt, je nach individuellem Repräsentationsbedürfnis und finanziellen Möglichkeiten den Residenzen der preußischen Könige nachzueifern, doch waren die Möglichkeiten hier begrenzter als in anderen Regionen. Zum einen ermöglichten die nicht eben für ihre Fruchtbarkeit gerühmten märkischen Böden nur einen mäßigen ländlichen Wohlstand, so dass die Lebensverhältnisse des Adels – wie man sie etwa in Fontanes »Stechlin« beschrieben findet – überwiegend nicht eben fürstlich waren. Zum anderen gestattete der Mangel an verwertbaren Hausteinvorkommen nur die Errichtung von verputzten Backsteinbauten. Nur die aufwendigsten Gebäude besitzen stellenweise vorgeblendete Natursteinfassaden oder Fassadenelemente.

In der Architektur spiegelt sich die Kultur- und Gesellschaftsgeschichte eines Landes wieder. Es gibt Orte wie Rothenburg ob der Tauber, Lucca oder Brügge, die sich ihr ursprüngliches städtebauliches Antlitz aus dem Spätmittelalter und der Renaissance und teilweise sogar ihre Befestigungsmauern über Jahrhunderte bewahren konnten. So faszinierend es für die Touristen unserer Tage ist, in eine vergangene Epoche einzutauchen, so bedeutete es für die betreffenden Orte, dass ihre Entwicklung zu einem bestimmten Zeitpunkt abrupt endete und die alte Stadtbefestigung keiner städtebaulichen Expansion im Wege stand. In Berlin war dies anders. Die Stadt sprengte seit dem 18. Jahrhundert alle Mauern und musste ständig neu erfunden und geplant werden. Brandenburg-Preußen war der Parvenü unter den deutschen Ländern. Im Mittelalter nahezu bedeutungslos, erst im 15. Jahrhundert als Lockmittel für die Hohenzollern mit der Kurwürde ausgestattet, nach den Konfessionskriegen des 16. und 17. Jahrhunderts völlig am Boden liegend, begann seit der Regentschaft des Großen Kurfürsten sein für die Nachbarn zunehmend beängstigender, scheinbar unaufhaltsamer Aufstieg, der schließlich zum zweiten deutschen Kaiserreich führte und in der Katastrophe des Ersten Weltkrieges endete. Entsprechend gibt es kaum mittelalterliche Burgen, wenige Renaissanceschlösser, viele Barock- und vor allem Rokokoschlösser und eine kaum überschaubare Zahl von Bauten aus Klassizismus und Historismus. Vor allem die Zeitspanne von Friedrich dem Großen bis Wilhelm II. galt in Mitteleuropa als die »preußische« Epoche. Da dies zugleich das Zeitalter der Schlösserarchitektur war, ist das Land entsprechend reich mit Bauten dieser Art ausgestattet. Sie reflektieren nicht nur die zeitgenössischen Baustile, sondern auch die gesellschaftlichen Umwälzungen ihrer Entstehungszeit. Der Bogen spannt sich von den aristokratischen Wohn- und Verwaltungszentren eines reinen Agrarlandes hin zu den zunehmend schlossartigen Residenzen einer neuen, im Gefolge der industriellen Entwicklung zu Wohlstand gelangten Schicht, die sich allerdings zum Teil noch immer aus den Reihen der alten Elite rekrutierte. Die frisch Arrivierten in den neuen Verwaltungs- und Dienstleistungshierarchien, die »Schlotbarone«, Bau- und Börsenspekulanten, hochrangigen Militärs, Verleger, Hoteliers und andere nutzen ihre errungenen Mittel, um mit Bauten im Stil der Adelssitze aufzutrumpfen. Äußerlich Schlössern und Herrenhäusern gleichend – und diese vielfach an Größe und Materialaufwand übertreffend –, waren sie häufig mit allen technischen Finessen der Zeit wie Bädern mit fließendem kalten und warmen Wasser, Aufzügen, Heizungsanlagen und ähnlichem ausgestattet. Am Fin de Siècle verschwimmen die Begriffe Schloss, Herrenhaus, Villa und repräsentatives Wohnhaus endgültig.

Kurz nach der Wende kursierten in den Medien fantastische Angaben über die Verluste unter den brandenburgischen Schlössern und Herrenhäusern. Es wurde spekuliert, mehr als achtzig Prozent von ihnen seien entweder den Kriegshandlungen zum Opfer gefallen oder von den Denkmal schleifenden Kommunisten wahlweise gesprengt, niedergebrannt oder durch Vernachlässigung dem Untergang preisgegeben worden. Obgleich nach den Verlusten der Stadtschlösser von Berlin, Potsdam, Schwedt und zahlreicher weiterer prominenter Gebäude sowie dem allgemeinen Zustand der Altbauimmobilien in der DDR Schlimmstes zu erwarten war, hat sich diese Aussage glücklicherweise nicht bewahrheitet. Von den ehemals rund siebenhundert Schlössern und Herrenhäusern sind »nur« ungefähr einhundertzwanzig vollständig vernichtet worden. Der größte Teil des verbliebenen Restes erreichte das Jahr 1989 allerdings in beklagenswerter Verfassung. Auch bald zwanzig Jahre nach der Wiedervereinigung bleiben den Reisenden deprimierende Anblicke häufig nicht erspart. Die meisten Herrenhäuser mussten verschiedenartigste Nutzungen – Wohnungen, Schulen, FDGB-Ferienheime, Stasi-Schulungsstätten, Kinderheime, LPG-Büros und anderes – über sich ergehen lassen und wurden entsprechend behandelt. Als Wohn- und Repräsentationsbauten der ehemaligen »Junker« zogen sie vor allem in den ersten Nachkriegsjahren – stärker noch als die Sakralbauten – Antipathie und Geringschätzung der Parteifunktionäre auf sich. Dass die verhassten Symbole des Klassenfeindes nicht zur Gänze aus dem Landschaftsbild verschwanden, resultierte letztlich aus dem notorischen Mangel an Wohnraum und Immobilien aller Art in der DDR. Paradoxerweise haben die SED-Funktionäre bei der Behandlung der Gebäude kaum zwischen kulturhistorisch mehr oder weniger bedeutenden Gebäuden unterschieden. Während die westlichen Kulturpolitiker der ersten Nachkriegsjahrzehnte speziell die Bauten des Historismus mit ausgesuchter Ignoranz behandelten, haben die Machthaber des »Arbeiter- und Bauernstaates« – wohl aus allgemeinem Bildungsmangel – kaum zwischen den Epochen differenziert. So wie sie in Berlin das einzigartige Stadtschloss in die Luft jagten, den eklektizistischen wilhelminischen Dom hingegen bestehen ließen und später mit westlicher Unterstützung gar wiederherzustellen begannen, ließen sie etwa die Ruinen des Schlosses von Schwedt oder des Kleinmachnower Herrenhauses beseitigen, während viele Bauten der späten Kaiserzeit genutzt und »gepflegt« wurden. So haben beispielsweise die Herrenhäuser in Trebnitz, Genshagen oder Lindenberg – deren ästhetischen Reiz man ohne die ideologischen Scheuklappen der Nachkriegsjahrzehnte heute unbefangener genießen kann – die DDR-Zeit gut überstanden. Im Übrigen lehrt der jahrzehntelange traurige Zustand etwa des Kladower Herrenhauses, des »Schoeler-Schlösschens« in Berlin-Wilmersdorf, des Jagdschlosses in Berlin-Rudow oder das Interieur des Lichterfelder Gutshauses, dass der Verfall von historischer Bausubstanz kein ausschließliches Ostproblem ist.

Die märkischen Herrenhäuser sind also bei weitem nicht alle zerstört, jedoch ohne Ausnahme geplündert worden. Wer auf den Anblick von Gemälden, Gobelins, KPM-Prunkvasen und Biedermeiermöbeln hofft, wird fast immer enttäuscht. Bei Kriegsende bedienten sich Russen, Amerikaner und teilweise nach dem überhasteten Fortzug der »Junker« auch die Dorfbevölkerung in den leer stehenden Gebäuden. Nur das vorsorglich eingelagerte Inventar der großen Museumsschlösser überstand diese Zeit der »Selbstbedienung« zum Teil. Nicht nur das bewegliche Interieur, auch die zu den Gebäuden gehörende Raumausstattung wie Wandgemälde, Stuckaturen, Vertäfelungen, Schnitzereien und ähnliches ging häufig verloren. »Funktionale Modernisierungsmaßnahmen« wie der Einbau von Zwischenwänden, Rohrleitungen und Heizkörpern, die Montage von »zeitgemäßen« Türen und Fenstern, das Abhängen von Decken, das Überstreichen von Wänden, das Abschlagen des Stucks und dergleichen ließen vielerorts ein beklemmendes Ambiente an die Stelle der historischen Räume treten. Viele der äußerlich gut erhaltenen Schlösser sind somit nur noch Fassade.

Den geografischen Rahmen dieser Betrachtung bilden die heutigen Bundesländer Brandenburg und Berlin. Es werden einige der zahlreichen Herrenhäuser in den Peripheriebezirken Berlins, die vielleicht vielen Hauptstädtern gar nicht bekannt sind, vorgestellt. Das heutige Berlin besteht zum größten Teil aus einem Konglomerat von Städten, Dörfern und Landgütern, die während der rauschhaften Expansionsphase nach der Reichsgründung mit der preußischen Hauptstadt räumlich verschmolzen und schließlich 1920 zu Groß-Berlin fusionierten.

Ein Buch wie dieses hat natürlich vorrangig das Anliegen, Schönes ansprechend zu präsentieren und Neugier aufs Nacherleben zu wecken. Auch wenn ein Fotograf demzufolge bestrebt ist, die Dinge ästhetisch in Szene zu setzen, und dabei gelegentlich die Grenze zur Täuschung streift, kommt er doch manchmal nicht umhin, Unerfreuliches zu zeigen. In der Regel habe ich versucht, Putzschäden nicht in Großaufnahme abzubilden, den Allgemeinzustand des Gebäudes aber im Text zu schildern. Der ehemalige Berliner Landesschulrat Herbert Bath hat in den 1990er Jahren die Fleißarbeit auf sich genommen, sämtliche brandenburgischen Schlösser und Herrenhäuser zu besuchen und Ihren Zustand in seinem Buch zu dokumentieren. Der Abgleich seiner nur wenige Jahre alten tabellarischen Aufstellung mit der heutigen Realität offenbart die Vergänglichkeit eines solchen Unterfangens. Viele Objekte, die noch vor zehn Jahren dem Untergang geweiht schienen, wurden zwischenzeitlich saniert und erstrahlen in neuem Glanz. Andere, die nach der Wende zunächst eine scheinbar solide Nutzung gefunden hatten, stehen heute wieder leer und verfallen. Die Gesamtbilanz fällt freilich eindeutig positiv aus. Die Sanierung und Restaurierung eines zweihundert Jahre alten Schlosses ist eine ungeheuer aufwendige Aufgabe und erfordert ein erhebliches Maß an Engagement,

Fachkenntnis und finanziellen Mitteln und nicht zuletzt ein plausibles Nutzungskonzept. Neben den verbreiteten »Schlosshotels« finden sich kulturell-museale, behördliche und schlichte Wohnnutzungen. Den ursprünglichen Zweck als Behausung einer Adelsfamilie inmitten eines landwirtschaftlichen Gutes erfüllen heute nur sehr wenige Herrenhäuser. Als geglückte Beispiele seien hier Alt Madlitz und Lietzen erwähnt. Die Bandbreite der Schlosshotels reicht von soliden, bezahlbaren Familien- oder Business- und Veranstaltungshotels wie etwa in Kröchlendorff oder Boitzenburg über die gehobene Kategorie, wie man sie in Lübbenau oder Groß Ziethen findet, bis hin zum Luxus eines Fünfsternehotels in Hubertushöhe oder im Berliner Grunewald. Schlosshotels haben für den Reisenden mehrere unschätzbare Vorzüge: Sie sind in der Regel vorzüglich restauriert, lassen sich auch von innen besichtigen und sind entsprechend Ihrer Funktion als Verpflegungs-, Wellness- und Übernachtungsstätte nutzbar. Obwohl einige der nach der Wende in den Herrenhäusern gegründeten Hotelbetriebe zwischenzeitlich wieder Konkurs anmelden mussten und manche Häuser mittlerweile von dem dritten oder vierten Betreiber geführt werden, finden sich immer wieder Unternehmer, die sich auf das Abenteuer einlassen, und Banken, die als Kreditgeber fungieren.

In den letzten Jahren ist aber auch ein negativer Trend bei der Privatisierung von Herrenhäusern zu beobachten. In Ermangelung öffentlicher Nutzungskonzepte wurden viele, teilweise auch bedeutende Häuser in die Hände wohlhabender Privatiers gegeben, welche die Gebäude meist weiträumig abgesperrt und die Absperrungen mit Schildern wie »Betreten verboten« und »Vorsicht vor dem Hund« dekoriert haben. Die Häuser in Teupitz, Groß Leuthen, Kossenblatt, Märkisch Wilmersdorf u.a. sind für die Öffentlichkeit auf unabsehbare Zeit verloren. Noch fragwürdiger ist die Veräußerung an Privatleute, die weder über ausreichende Mittel noch über ein tragfähiges Konzept verfügen, wie dies in Groß Kreutz oder Reichenberg festzustellen ist. Behördlich genutzte Gebäude wie die Herrenhäuser in Meseberg, Genshagen oder Berlin-Marienfelde sind ebenfalls entweder nicht oder nur auf Anfrage und zu besonderen Anlässen zu besichtigen. Eine erfreuliche Ausnahme ist Schloss Plessow bei Brandenburg. Das auf privatem Grund liegende, von Karl Friedrich Schinkel umgestaltete Humboldt-Schloss in Berlin-Tegel, darf ohne Zustimmung des Eigentümers – die uns verweigert wurde! – nicht einmal von außen abgebildet werden.

Auch dieses Buch kann nur schlaglichtartig den Status quo zeigen und wird in einigen Jahren überholt sein. Der damit verbundene dokumentarische Charakter ist aber zugleich der Reiz eines solchen Vorhabens. Diese Erkenntnis soll indessen niemanden davon abhalten, auf eigene Faust diesen Aspekt der reichen märkischen Kulturlandschaft zu erforschen. Auch unrestaurierte Bauten haben oft ihre ganz eigene Ausstrahlung, von der vielleicht die nachstehenden Bilder etwas vermitteln. Viele der leer stehenden Herrenhäuser sind in einen von ABM-Kräften wieder hergestellten englischen Landschaftspark nach Lennéschem oder Pücklerschem Vorbild eingebettet und harren der Entdeckung durch Reisende, die sich auf Exkursionen abseits der ausgetretenen Pfade einlassen.

Von den über fünfhundert noch erhaltenen märkischen Herrenhäusern werden hier knapp einhundert vorgestellt. Die angesichts dieser Menge notwendig zu treffende Auswahl wird mit Sicherheit manchem willkürlich erscheinen. Der Autor hat sich jedoch bemüht, neben prominenten Bauten wie denen in Boitzenburg, Branitz oder Altdöbern vor allem eine möglichst repräsentative Auswahl des Vorhandenen zu bieten. Repräsentativ heißt dabei nicht nur historisch, sondern auch quantitativ repräsentativ. Daraus folgt, dass hier auch die früher häufig geschmähten Bauten des späten 19. und frühen 20. Jahrhunderts angemessen gewürdigt werden. Darüber hinaus war es mir ein Anliegen, die zahlreichen, zum Teil wenig bekannten Herrenhäuser in meiner Heimatstadt Berlin und deren näherem Umfeld vorzustellen.

Vielleicht jeder zweite Reiseführer über die Mark Brandenburg ist mit den berühmten Sätzen aus dem Vorwort von Fontanes »Wanderungen« überschrieben. Wenn Fontane die Erwartungen der Reisenden mit der Metapher von der hässlichsten Frau, die auch ihre sieben Schönheiten besitzt, vorsorglich dämpfen wollte, war er sich wohl bewusst, dass die Mark Brandenburg neben vielen kleinen und pittoresken auch zahlreiche großartige und große Schätze besitzt.

Zur Landes- und Architekturgeschichte

Als das Heilige Römische Reich im Jahre 961 durch Otto I. formell gegründet wurde, war das von Seen, Wäldern und Moränenhügeln geprägte Land noch von slawischen Stämmen besiedelt. Diese hatten sich etwa seit dem sechsten Jahrhundert in der Mark Brandenburg angesiedelt, etwa drei Jahrhunderte, nachdem das Gebiet östlich der Elbe im Gefolge der Völkerwanderung von seinen früheren germanischen Bewohnern verlassen worden war. Die damaligen Bewohner der märkischen Kerngebiete werden zusammenfassend meist als Wenden, die der Lausitz als Sorben bezeichnet. Im 10. Jahrhundert begannen sich die »Deutschen« den Regionen östlich der Elbe zuzuwenden. Zunächst unter dem Liudolfinger Heinrich I. und später unter Otto dem Großen begann die erste Phase der systematischen deutschen Ostkolonisation. Territorialgewinn und Christianisierung verliefen Hand in Hand. Bereits 946 wurde das Bistum Brandenburg gegründet. Das 968 unter Otto I. gegründete Erzbistum Magdeburg bildete den Ausgangspunkt dieser Bestrebungen. Nach dem großen Wendenaufstand von 983 gingen die ostelbischen Eroberungen vorübergehend wieder verloren. Die Diözese Brandenburg existierte jedoch formell weiter, und die Christianisierung der slawischen Bevölkerung schritt voran. Im 12. Jahrhundert begann die endgültige Unterwerfung des Territoriums des heutigen Landes Brandenburg. 1134 wurde der Askanier Albrecht von Ballenstedt (der Bar) mit der Mark Brandenburg belehnt, über deren Gebiet er zu diesem Zeitpunkt noch gar nicht verfügen konnte. Mit der Unterwerfung des Slawenfürsten Jaczo in der Schlacht bei Spandau im Jahre 1157 änderte sich dies. Die Askanier bauten ihren Machtbereich systematisch aus und sicherten ihn nach außen und innen durch eine geschickte Territorialpolitik ab. Wellen von überwiegend niederdeutschen Siedlern ergossen sich in das vergleichsweise wenig bevölkerte Land. Teils wurden neue Siedlungen – während der Askanierzeit etwas 2500 – in Konkurrenz zu bestehenden Wendendörfern gegründet, teils wurden die alten Rundlingsdörfer von Neuankömmlingen übernommen. Die Wenden gingen in der neuen Mischbevölkerung auf. Der Ursprung der Siedlungen lässt sich an den Namensendungen meist leicht erkennen. Neben den Klostergründungen (Jerichow, Zinna, Lehnin, Doberlug, Chorin) war es vor allem die Landverteilung an die mit den Askaniern ins Land gekommenen Ritter, die der Machtsicherung nach innen diente. Einige wenige dieser märkischen Uradeligen – der sogenannten »Schwertadeligen« – vermochten sich bis ins 20. Jahrhundert auf den zugewiesenen Gütern zu behaupten. Auf die Namen der von Arnim, von Rochow, Edlen Gans zu Puttlitz, von Hake oder von Bredow stößt man immer wieder, wenn man sich mit der Geschichte märkischer Landgüter beschäftigt. Während die Askanier es verstanden hatten, diese Schicht in die Entwicklung des Landes einzubinden, änderte sich die Situation nach ihrem Aussterben im Jahre 1317. Die Ritter nutzten die Schwäche der Zentralgewalt unter den Wittelsbachern und Luxemburgern, um sich eine Vormachtstellung in dem zunehmend chaotischen Land zu verschaffen. Das 14. Jahrhundert war von Raubrittertum und Landflucht geprägt.

Eine Stabilisierung der Verhältnisse brachte erst die Ernennung des Hohenzollern Friedrich VI. von Nürnberg zum »obersten Verweser und Hauptmann der Mark« im Jahre 1411. Nachdem sich Friedrich bei den widerspenstigen Rittern Respekt verschafft hatte, indem er die Burgen in Friesack, Golzow und Plaue schleifen ließ, erklärte er sich bereit, »widersetzliche Vasallen in seine Gnade aufzunehmen«. 1415 erhielt er von König Sigismund die versprochene Kurwürde. Dem Adel standen als Erwerbsquelle anstelle von Wegelagerei und Raubrittertum nur mehr Landwirtschaft und Handel zur Verfügung. Auch gegenüber den Städten verschafften sich die Hohenzollern Respekt. Kurfürst Friedrich II. zwang die Stadt Berlin zur Abtretung der Gerichtsbarkeit und begann 1443 mit der Errichtung einer Residenz im Zentrum der Stadt. Die mittelalterliche Festungsarchitektur, die in Brandenburg ohnehin keinen bemerkenswerten

Stand erreicht hatte, war nicht nur unkomfortabel geworden, sondern nun auch militärisch nutzlos. Der Wandel von der Burgen- zur Schlösserarchitektur markiert somit in vielfacher Hinsicht eine Zäsur. Das 15. Jahrhundert blieb gleichwohl von Instabilität geprägt. Die Pest grassierte in immer neuen Wellen und minimierte die Landbevölkerung, und auch die immer wieder aufflammenden Hussitenkriege verhinderten eine nachhaltige Entwicklung. Der Adel war bestrebt, seinen Landbesitz möglichst rücksichtslos zu vergrößern, um sich auf den kargen märkischen Böden eine effiziente Basis zu verschaffen. Die Leidtragenden dieser Entwicklung waren die Bauern, die in völlige Abhängigkeit zu den Lehnsherren gerieten. Die Adligen kauften systematisch Höfe auf, zogen wüst gewordene Güter ein und errichteten »Vorwerke«, die häufig später zu Herrenhäusern ausgebaut wurden. Dieses »Bauernlegen« wurde erst 1709 durch König Friedrich I. verboten. An die Stelle der Leibeigenschaft trat die »Erbuntertänigkeit«, die ihrerseits 1807 im Zuge der Stein-Hardenbergschen Reformen abgeschafft wurde.

Eine entscheidende Voraussetzung für die weitere Entwicklung war die Einführung der Reformation. Von ihr profitierten Landesherr und Ritterschaft gleichermaßen, da sie den durch die Säkularisation verfügbar gewordenen klösterlichen Grundbesitz unter sich aufteilen konnten. Der erste protestantische Kurfürst Joachim II. setzte mit dem weitgehenden Abriss der mittelalterlichen Burg in Berlin und der Errichtung eines Renaissanceschlosses auch ein kulturelles Zeichen, indem er das riesige Gebäude von den Baumeistern Konrad Krebs und Kaspar Theiss aus Torgau errichten ließ. Das Berliner Stadtschloss blieb der einzige wirklich bedeutende Renaissancebau in der Mark. Es entstand zwar auch in der Mark Brandenburg im 16. Jahrhundert eine Vielzahl von Renaissance-Herrenhäusern (Demerthin, Boitzenburg, Bagow, Lietzen, Kemnitz und Badingen), deren Architektur hätte aber kaum hingereicht, die Repräsentationsbedürfnisse eines Kurfürsten zu befriedigen. Der märkische Landadel hatte sich in der Regel mit Gebäuden zu begnügen, die zusammenfassend mit dem Terminus »Festes Haus« bedacht werden. Es handelte sich meist um rechteckige, überwiegend zweigeschossige Bauten mit einem zentralen Hauptraum, die nach außen bewusst festungsartig wirkten und allenfalls punktuell mit schlichten Schweifgiebeln verziert waren. Aufwendigere Renaissanceschlösser wie die in Boitzenburg oder Meyenburg erhielten ihr heutiges Erscheinungsbild erst im 19. Jahrhundert. Ganz anders lagen die Dinge im südlichen Nachbarland. Sachsen galt seit der Erschließung der erzgebirgischen Silbererzlager im Spätmittelalter als die reichste deutsche Provinz und blieb es bis zum Zweiten Weltkrieg. Ein flüchtiger Blick auf die Bauten der Niederlausitz, die durch den Wiener Kongress preußisch wurde, genügt, um dies zu bestätigen. Schlösser wie die in Fürstlich Drehna, Großkmehlen, Mühlberg, Sonnewalde oder Vetschau sucht man in Brandenburg vergebens. Bemerkenswert ist auch die Tatsache, dass der sächsische Landadel in der Lage war, sich Bauten zu errichten zu lassen, die sich strukturell an denen der Wettiner orientierten. Die preußischen Gutsbesitzer verfügten überwiegend erst seit dem 18. Jahrhundert über die materielle Basis, Bauformen der Landesherren zu adaptieren. Auch Mecklenburg besaß eine weitaus reichere Renaissancearchitektur (Güstrow, Schwerin, Wismar, Dargun, Gadebusch). Reste eines Ablegers dieser Bautradition haben sich in Freyenstein erhalten. Bis zum Beginn des 17. Jahrhunderts änderte sich die Situation nicht fundamental. Die Bauten erhielten länglichere Grundrisse, die Giebel wurden aufwendiger und die Schmuckfreudigkeit nahm zu. Prunkportale wie das von Demerthin blieben allerdings die Ausnahme. Der größte Teil der Bauten dieser Epoche ist wieder verschwunden. Fast alle märkischen Herrenhäuser tragen mehrere historische Schichten in sich. Fast jeder barocke, klassizistische oder historistische Bau war einmal eine Burg oder ein Festes Haus, von dem die Kellergewölbe oder das Fachwerkmauerwerk in einen Neubau übernommen wurden. Kaum ein Gutsbesitzer konnte der Versuchung widerstehen, seinen Wohnsitz zu »modernisieren«. Dementsprechend läßt sich die Frage nach der Entstehung eines Baus fast nie mit nur einer Zahl beantworten.

Mit den Folgen der größten historischen Katastrophe begann der allmähliche Aufstieg Brandenburgs. Wenige Länder hatten unter dem Dreißigjährigen Krieges so zu leiden wie die Mark. Die geografische Lage des nach allen Seiten offenen Landes im Durchzugsgebiet der kaiserlichen und schwedischen Heere und die unentschlossene Bündnispolitik des militärisch machtlosen Kurfürsten Georg Wilhelm wirkten sich verheerend aus. Ein Drittel der Bauernstellen lag am Ende des Krieges wüst. Es dauerte fast ein Jahrhundert, bis die Einwohnerstärke von 1618 wieder erreicht wurde. Bautätigkeit fand in dieser Zeit praktisch nicht statt.

Mit dem Machtantritt des Großen Kurfürsten Friedrich Wilhelm im Jahre 1640 begann der Aufstieg Brandenburg-Preußens. Obgleich dessen Politik unterschiedlich bewertet wird, steht doch außer Frage, dass er durch die Schaffung eines starken stehenden Heeres und der Einführung des Absolutismus wesentliche Voraussetzungen für die weitere Entwicklung schuf. Aus dem vorausgegangenen Krieg wurde die Lehre gezogen, dass Brandenburg nie wieder Spielball fremder Mächte sein durfte. Die Bedeutung des Militärs nahm beständig zu, und Karrieren wie die des Generalfeldmarschalls von Derfflinger (Gusow) waren bald keine Seltenheit mehr. Als segensreich erwies sich außerdem die unter dem großen Kurfürsten erfolgte systematische Ansiedlung von verfolgten religiösen Minderheiten aus verschiedenen Ländern Europas. Neben den Hugenotten kamen schlesische Protestanten, Wiener Juden und Waldenser. Der Dreißigjährige Krieg führte auch zu einer umfassenden Neuverteilung des Landbesitzes. Viele Gutsbesitzer waren wirtschaftlich ruiniert und sahen sich gezwungen, ihren Besitz zu veräußern. Mancher alteingesessenen Adelsfamilie gelang es, in dieser Phase ihren Besitz zu vergrößern, es kamen aber auch viele Neue hinzu. Unter den Grundbesitzern etablierte sich eine spezifische preußische Schicht von arrivierten Offizieren, die ihre Position als Günstlinge des Hofes auch wirtschaftlich zu nutzen verstanden. Neben Derfflinger wären etwa die von der Marwitz oder von Lütke zu nennen.

Während noch in der Zeit des Großen Kurfürsten die ersten preußischen Barockschlösser entstanden, die mit Baumeisternamen wie Memhardt, von Langerfeld, Nehring oder de Chieze (Oranienburg, Potsdam, Köpenick und Caputh) verknüpft sind, blieben die schlichten Bauten des Landadels zunächst noch überwiegend der Formensprache der Renaissance verhaftet (Reckahn, Dahlem, Kemnitz). Auch dies änderte sich, als unter Friedrich III. – seit 1701 Friedrich I., König in Preußen – eine höfische Prachtentfaltung betrieben wurde, von der sich auch die ländlichen Gutsbesitzer infizieren ließen. Die großen architektonischen Leuchttürme der Epoche, das Berliner Stadtschloss und das Charlottenburger Schloss, sind mit den Namen Schlüter und Eosander von Göthe verknüpft. Schlüter ist gelegentlich auch als ein möglicher Baumeister des Prötzeler Schlosses genannt worden. Ein Beleg dafür existiert nicht – gleichwohl ist das Gebäude ebenso wie das in Reckahn zweifellos von seinem Vorbild inspiriert. Wie bei den Bauten der vorausgegangenen Epoche stellt sich auch bei den Herrenhäusern der Barockzeit das Problem, dass ihre Schöpfer fast regelmäßig unbekannt sind. Selbst bei den Herrenhäusern des 19. Jahrhunderts bewegt man sich häufig auf unsicherem Boden. Auch bei Häusern, die vermeintlich sicher mit prominenten Namen wie Schinkel oder Gilly in Verbindung gebracht werden, stellt man fest, wie ungesichert deren persönlicher Anteil ist, wie wenig man darüber weiß, welche Vorgängerbauten in einen Neubau übernommen wurden und welche Teile davon sich wiederum nach späteren Veränderungen noch im ursprünglichen Zustand befinden. Eine einzigartige Ausnahme von dieser Regel ist das großartige und vor kurzem äußerlich wiederhergestellte Schloss in Groß Rietz, das 1693 vermutlich durch den Niederländer Cornelius Ryckwaert für Hans Georg von der Marwitz erbaut wurde.

Von den Häusern des frühen 18. Jahrhunderts haben sich einige nahezu unverändert erhalten. Eine Art Prototyp des Einflügelbaus findet man etwa in Löwenberg. Den aufwendigeren Dreiflügelbau repräsentiert Kossenblatt. An beiden Häusern findet man Elemente des Nehringbaus des Charlottenburger Schlosses oder des Berliner Stadtschlosses. Nach 1713 war die Prunkentfaltung in Preußen vorerst beendet. Der Soldatenkönig Friedrich Wilhelm I. konsolidierte die zerrütteten Staatsfinanzen und widmete sich lieber dem Aufbau der Armee und den »Langen Kerls« als dem Bau neuer Schlösser. Der Landadel teilte diese asketische Einstellung nicht. In der Zeit bis 1740 wurden dutzende neuer Herrenhäuser errichtet, darunter auch bedeutende und künstlerisch innovative Bauten wie die in Prötzel, Reckahn, Roskow, Plaue, Hoppenrade oder Meseberg. Tatsächlich war dies die historische Phase, in welcher der bedeutendere Anteil der Repräsentationsarchitektur in der märkischen Provinz entstand. Den einzigen durch Friedrich Wilhelm I. veranlassten Schlossneubau, das Jagdschloss Stern bei Potsdam, möchte man kaum mit dem Terminus Schloss bedenken. In der zweiten Hälfte des 18. Jahrhunderts wurden die Dinge wieder gerade gerückt. Während die Residenzschlösser der friderizianischen Epoche hinsichtlich ihrer Dimension und künstlerischen Ausgestaltung in Mitteleuropa unübertroffen sind, gab es keinen einzigen unter den Gutsbesitzern, der in der Lage war, eine vergleichbare Prachtentfaltung zu betreiben. Dennoch finden sich, wie man noch heute etwa in Wolfshagen, Groß Kreutz, Plessow, Roskow oder Wustrau feststellen kann, unter den zahlreichen in dieser Zeit erbauten Häusern durchaus Beispiele, die auf beträchtlichen Wohlstand schließen lassen. Auf das Gros der meisten anderen, wie etwa Diedersdorf, Alt Madlitz, Groß Ziethen, Blossin, Ihlow oder Sauen, ist wohl eher der Topos von der »preußischen Bescheidenheit« anzuwenden. Das Land verdankte seinen neu gewonnen Status als europäische Großmacht seinen erfolgreichen Heerführern – an der Kargheit der Böden in der märkischen »Streusandbüchse« änderte sich dadurch jedoch nichts. Dennoch entfalten viele dieser Bauten – vielleicht auch gerade wegen der Beschränkung der gestalterischen Mittel – einen ganz eigenen Reiz.

Obwohl sich Friedrich der Große bekanntermaßen auch um die Entwicklung der märkischen Provinz bemühte – wie etwa mit der Trockenlegung des Oderbruchs –, wurde das wirtschaftliche und kulturelle Gefälle zwischen den beiden Residenzstädten Berlin und Potsdam und dem Land in seiner Regierungszeit sehr viel größer. Berlin überschritt um 1750 die Marke von 100 000 Einwohnern. Ganz anders lagen die Dinge wiederum in Sachsen. Die im Landkreis Oberspreewald-Lausitz bzw. Elbe-Elster gelegenen Barockschlösser Altdöbern und Martinskirchen hätten zweifellos auch einem preußischen König zur Ehre gereicht.

Die Epoche des vielfach unterschätzten Königs Friedrich Wilhelm II., die so wunderbare Schöpfungen wie das Brandenburger Tor, das Schloss auf der Pfaueninsel oder das Marmorpalais hinterlassen hat und mit Namen wie Langhans, Gilly und Gentz verknüpft ist, hat auch auf dem Land vielfältige Spuren hinterlassen. Als typische Vertreter dieses frühklassizistischen Genres – des Zopfstils oder Louis-seize – seien hier die Schlösser in Steinhöfel, Straupitz, Berlin-Steglitz oder Branitz, aber auch die geschmackvollen kleinen Gutshäuser in Philippsthal und Berlin-Kladow genannt. Was die Wirkung dieser Bauten ausmacht, ist nicht nur ihre klassisch-elegante Architektur, sondern fast im gleichen Maße die romantische Parkanlage, in die sie eingebettet sind. Nachdem bereits Otto Christoph von Podewils in den 1750er Jahren in Gusow einen frühen Vorläufer dieser inszenierten Naturlandschaften hatte anlegen lassen, schlug die eigentliche Geburtsstunde der englischen Landschaftsparks in der Mark in den 1790er Jahren in Steinhöfel und Alt Madlitz. Einige Jahrzehnte vor Lenné und Pückler, die diese Kunst zur Vollendung führten, wurden hier bereits künstliche Seen und Wasserläufe angelegt, Gebirge en miniature aufgeschüttet und Sichtachsen mit wohlberechneten Vegetationsinseln und eingestreuten Kleinarchitekturen angelegt. Man kann ohne Übertreibung sagen, dass die preußischen Landschaftsgärtner die unbestrittenen Meister dieses Fachs im deutschsprachigen, wenn nicht im gesamten nichtangelsächsischen Kulturraum waren. Fast alle märkischen Herrenhäuser befinden sich inmitten einer Parkanlage, die entweder von Peter Joseph Lenné selber angelegt oder durch sein Vorbild inspiriert wurde.

Preußen ging aus den napoleonischen Kriegen als historischer Sieger hervor. Nach der Katastrophe von Jena und Auerstedt war das geschlagene Königreich nicht wie der württembergische, bayerische und sächsische Kurfürst dem Rheinbund beigetreten. Letztere waren dafür von Napoleon mit Territorialgewinnen und der Königskrone belohnt worden, doch sie – oder besser die geopferten jungen Männer – bezahlten dafür einen hohen Preis. Die Generäle der Befreiungskriege erneuerten den angeschlagenen »Ruhm« des preußischen Heeres und wurden wie mythische Figuren Jahrzehnte lang regelrecht vergöttert. Ihre Portraits waren auf Stichen, Gemälden und in begüterten Haushalten auf KPM-Tassen allgegenwärtig. Der folgende Aufschwung war mehreren Faktoren geschuldet. Zum einen resultierte er aus den direkten Kriegsfolgen, wie den erheblichen Territorialgewinnen – vor allem der Niederlausitz – und den Reparationszahlungen, zu denen das geschlagene Frankreich verpflichtet wurde. Noch entscheidender aber war die von Stein und Hardenberg angestoßene und großenteils auch durchgeführte »Revolution von oben«. Diese hatte für die aristokratischen Großgrundbesitzer vor allem die 1807 dekretierte und 1810 vollzogene Abschaffung der Erbuntertänigkeit zur Folge. Desweiteren wurde der Flurzwang abgeschafft, die freie Berufswahl (auch für Bauern) eingeführt und Bürgerlichen der Erwerb von Grundeigentum gestattet. Wenn auch viele prominente Adlige – wie die von der Marwitz oder von Finckenstein – anfangs gegen die Reformen Sturm liefen, erwiesen sich diese auch für sie letztlich als wirtschaftlich segensreich.

In der Architektur war die Epoche Friedrich Wilhelms III. vor allem mit dem preußischen Oberbaudirektor Karl Friedrich Schinkel verbunden, der fraglos die überragende Architektenpersönlichkeit des 19. Jahrhunderts war. Die Herrenhäuser in Neuhardenberg und Petzow sowie die Schlosskirche in Straupitz gehen direkt auf seine Entwürfe zurück, das Lübbenauer Schloss wurde auf seine Intervention hin von einem seiner Schüler umgebaut. Stärker noch als seine klassizistischen beeinflussten seine neogotischen Bauten in Babelsberg und kurz darauf in Petzow – für einen bürgerlichen Bauherrn – die Architektur der märkischen Herrenhäuser im 19. Jahrhundert. Der letzte von zahlreichen Vertretern dieses Types wurde erst 1901 in Märkisch Wilmersdorf errichtet. Die Gleichzeitigkeit dieser Stile widerspricht dem verbreiteten Klischee von der geordneten Abfolge der Neostile des 19. Jahrhunderts. Tatsächlich datiert der erste neugotische Bau der Mark – das Nauener Tor in Potsdam – bereits in die Mitte des 18. Jahrhunderts, und der vermeintlich logische Ablauf von romantischem, strengem und spätem Historismus, von Klassizismus, Neogotik, -renaissance und -barock ist insgesamt weit weniger stringent, als man gemeinhin glaubt.

In der zweiten Hälfte des 19. Jahrhunderts änderte sich die Situation grundlegend. Nach dem Tod König Friedrich Wilhelms IV. entstanden keine neuen königlichen Residenzschlösser mehr – mit Ausnahme des Nachzüglers Cecilienhof –, und auch Herrenhäuser im ursprünglichen Sinne wurden fast nicht mehr gebaut. Selbst dort, wo Neubauten in traditioneller Form als repräsentatives Kernstück eines Landguts errichtet wurden, wie etwa in Siethen, Trebnitz oder Wulkow, hatten die Bauherren längst auch andere Einnahmequellen. Dennoch nahm die Zahl neu errichteter Herrenhäuser oder besser gesagt schlossartiger Privatresidenzen in nie gekanntem Ausmaß zu. In der explosionsartig wachsenden preußischen Kapitale, die ein Jahr nach der Reichsgründung die Einwohnerzahl von einer Million überschritt, hatte sich längst eine neue »Aristokratie« etabliert, deren pekuniäre Möglichkeiten die der alten Führungseliten weit in den Schatten stellten. Zu einem nicht unbeträchtlichen Teil verfügte diese neue Schicht auch über einen Adelstitel, tatsächlich aber hatte sich die Gesellschaft längst geöffnet, und viele erfolgreiche Unternehmer, die ein »von« im Namen führten, hatten diesen Titel erst in den letzten Jahren des Kaiserreichs für ihre »Verdienste« erhalten. Die alten Eliten wollten sich wenigstens pro forma mit ihresgleichen umgeben. Es gab aber noch einen weiteren Grund dafür, dass eine große Zahl von Adligen erfolgreich den Sprung in die moderne Industrie- und Dienstleistungsgesellschaft schaffte. Wie in allen absolutistischen Staatengebilden hatten auch die preußischen Könige den Landadel stets dadurch privilegiert und zugleich domestiziert, dass sie ihn mit bedeutenden Positionen in Militär und Verwaltung ausstatteten. Viele Gutsbesitzer hielten sich schon im 18. Jahrhundert häufiger in ihren Stadtpalais in Berlin und Potsdam als in ihren Herrenhäusern auf, und die Landwirtschaft war vielfach längst die unbedeutendere ihrer wirtschaftlichen Aktivitäten.

Diese neue Oberschicht begann zunächst im Berliner Tiergarten, dann in Grunewald und schließlich fast gleichzeitig in Lichterfelde, Zehlendorf, Dahlem, Schlachtensee, Wannsee und Westend – im Industriezeitalter aufgrund der vorherrschenden Windrichtung stets im Westen oder Südwesten der Metropole – ihre Villen und Palais zu errichten. Einige von ihnen strebten auch über diese seit 1920 zu Berlin gehörenden Rittergüter hinaus in die brandenburgische Provinz, um sich den Traum eines eigenen »Schlosses« auf dem Land zu erfüllen. Obgleich ihre Bauten nicht der tradierten Definition von Schloss und Herrenhaus entsprechen, werden sie dennoch meist pauschal als Schloss bezeichnet, was ihrer äußeren Gestalt durchaus gerecht wird. Architektonisch stehen sie unübersehbar in dieser Tradition und versuchen mit dem Formenrepertoire aristokratischer Repräsentationsarchitektur zu imponieren, die am Ende des 19. Jahrhunderts nur noch Fassade war.

Unter den in der Spätphase des Kaiserreichs neu errichteten »Schlössern« dominieren zahlenmäßig bei weitem die Um- und Neubauten bereits vorhandener Herrenhäuser. Einige von ihnen entstanden im Auftrag alteingesessener adliger Gutsherren wie in Boitzenburg, Kröchlendorff, Gerswalde und Herrenstein (alle von Arnim), Baruth (Solms), Wiesenburg (von Watzdorf), Jahnsfelde (von Pfuel), Meyenburg (von Rohr) oder Kleinmachnow (von Hake). Der größere Teil der Güter hatte jedoch im 19. Jahrhundert zum wiederholten Male den Besitzer gewechselt, und die neuen Eigentümer wollten sich nun eine »standesgemäße« Repräsentanz gönnen. In diese Gruppe fallen etwa die neugotischen Häuser in Gusow (von Schönburg-Glauchau), Reichenow (von Eckardstein) und Märkisch Wilmersdorf (von Schwerin) oder die neobarocken Häuser in Altranft (von Hacke), Altdöbern (von Witzleben), Genshagen (von Eberstein) und Potsdam-Marquardt (Ravené). Zur Gruppe der von bürgerlichen Unternehmern neu errichteten Häuser gehören Schloss Schenkendorf (Mosse), Sommerswalde (Sommer), Schloss Hubertushöhe (Büxenstein) und Berlin-Lankwitz (Correns).

Die beiden Letzteren gehören interessanterweise neben dem Herrenhaus in Siethen und den beiden Herrenhäusern in Liebenberg zu den wenigen Bauten, an denen der in dieser Zeit eigentlich vorherrschende Jugendstil seinen Niederschlag gefunden hat. Während die kaiserzeitliche Architektur in Berlin und Brandenburg mit dem Gründerzeitstil, dem Jugendstil und dem damit assoziierten Heimat-, Landhaus- und Reformstil eine Reihe von Architekturströmungen mit jeweils ganz charakteristischen Gestaltungselementen hervorgebracht hatte, entschieden sich die Bauherren der ländlichen Schlösser in der Regel für historistische Stile. Obwohl es sich bei einem guten Teil dieser Bauten eigentlich um überdimensionierte Villen handelte, wollte man sich von den im Berliner Westen meist im Gründerzeit- oder jugendstilig verschnörkelten Heimat-(Ritterburgen-)stil errichteten Gebäuden offenbar bewusst abgrenzen. Gleiches gilt übrigens auch für die großen Berliner Repräsentationsbauten vom Reichstag über das Bodemuseum bis hin zum Dom. Für »große« Bauaufgaben präferierte man die große Geste.

Die Diskussion über den Stellenwert der verschiedenen Architekturströmungen des 19. Jahrhunderts hat sich in den letzten Jahrzehnten deutlich gewandelt. Wenn auch die Ignoranz nicht mehr so ausgeprägt und zerstörerisch ist wie in den fünfziger und sechziger Jahren, so werden auch heute noch Gründerzeitmiethäuser und Jugendstilvillen abgerissen, um Platz für Einkaufszentren und Autowaschstraßen zu schaffen. Das im ehemaligen Westberlin verbreitete »Glätten« gründerzeitlicher Stuckfassaden ist allerdings aus der Mode gekommen. Der jahrelange Streit um den Wiederaufbau der Stadtschlösser in Berlin und Potsdam zeigt, dass die alten Fronten noch bestehen. Trotz der bekannten Kulturbarbareien, durch die man sich symbolisch an der entmachteten »Junkerklasse« rächen wollte, war die Kulturpolitik der DDR zuweilen weniger ideologisch als man denkt. Manche SED Funktionäre – die sich selbst gerne in alten Gemäuern aufhielten – bedauerten in den achtziger Jahren insgeheim die Sprengung des Berliner Stadtschlosses. Die allgemeine Verwahrlosung des historischen Baubestands war in erster Linie eine Folge der prekären Wirtschaftslage. Im vom Bauhaus geprägten Westen hingegen lehnte man nach dem Zweiten Weltkrieg alles ab, was auch nur entfernt nach »deutscher Vergangenheit« roch, und selbst die »Rehabilitierung« Karl Friedrich Schinkels ließ dreißig Jahre auf sich warten. Bezeichnend war in diesem Zusammenhang der Umgang der Westberliner Behörden mit Schloss Glienicke. Nach dem Krieg war Altes nur dann wertvoll, wenn es mindestens zweihundert Jahre alt war. Antiquitätenhändler mochten in den sechziger Jahren nur mit innerem Widerwillen selbst mit Biedermeiermöbeln handeln – heutzutage haben Gründerzeitmöbel ein ähnliches Preisniveau erreicht. Lothar Berfelde alias Charlotte von Mahlsdorf hatte geradezu prophetische Sehergabe bewiesen. Mittlerweile dürfen sich auch »Intellektuelle« ohne schlechtes Gewissen an den häufig ebenso effekt- wie phantasievollen Formen kaiserzeitlicher Repräsentationsarchitektur erfreuen. Auch viele eingefleischte »Modernisten« wohnen lieber in sanierten Jugendstilwohnungen mit Stuckdecken und Fischgrätenparkett als in minimalistischen Glas-Beton-Bunkern.

Die Bauten

Alt Madlitz

Herrenhaus (Wohnhaus)

Alt Madlitz ist insofern ein Sonderfall, als das mustergültig restaurierte barocke Herrenhaus der Familie von Finckenstein heute nicht wie viele andere derartige Objekte als Hotel, Behörde, Museum o.ä. genutzt wird, sondern statt dessen wieder von den vormaligen Besitzern bewohnt wird und den Mittelpunkt eines florierenden landwirtschaftlichen Betriebes bildet. Die Geschichte des Dorfs weist viele Übereinstimmungen mit der des benachbarten Steinhöfel auf. Beide Güter waren wesentlich durch nur zwei Familien geprägt und beide befanden sich bis um die Mitte des 18. Jahrhunderts im Besitz derer von Wulffen.

Das Dorf Alt Madlitz wurde 1373 als »Modelicz« erstmals erwähnt, geht also wohl auf wendische Wurzeln zurück. Nachdem es sich seit Ende des 15 Jahrhunderts u.a. im Besitz des Frankfurter Karthäuserklosters befunden hatte, wurde es 1551 von den Brüdern von Wulffen erworben. Diese ließen sich anscheinend noch im 16. Jahrhundert ein schlichtes Herrenhaus auf rechteckigem Grundriss errichten, das um die Mitte des folgenden Jahrhunderts in den Barockbau übernommen wurde. Dieser zweigeschossige, fünfachsige Neubau wurde vermutlich für Jobst Friedrich Rudolf von Wulffen errichtet. 1750 wurde der Bau um ein etwas niedrigeres Geschoss aufgestockt. In dieser Form hat sich das Haus im Wesentlichen bis in unsere Tage erhalten. Nachdem das Gut im Verlauf des 18.Jahrhunderts bereits innerhalb der Familie Wulffen mehrfach den Eigentümer gewechselt hatte, wurde es 1751 von dem Reichsgrafen Carl Wilhelm Finck von Finckenstein erworben. Den eindrucksvollen Titel hatte sein Vater Albrecht Konrad von Kaiser Josef I. für seine Verdienste im Spanischen Erbfolgekrieg erhalten. Die Finckenstein stammten ursprünglich aus Ostpreußen und besaßen dort ein großes Schloss und umfangreichen Landbesitz. Aufgrund ihrer Nähe zum preußischen Könighaus – Albrecht Konrad von Finckenstein diente dem Soldatenkönig und Friedrich dem Großen als Erzieher – benötigte er einen Wohnsitz, der dichter an der preußischen Residenz lag. Unter Friedrich Ludwig Karl (1745–1818) wurde Alt Madlitz zum ständigen Wohnsitz der Familie von Finckenstein. Dieser verkehrte hier mit den Berliner Geistesgrößen seiner Zeit und ließ auf seinem Gut die gestalterischen Veränderungen vornehmen, die wir heute noch (oder wieder) bewundern können. Er ließ auf der Nordseite des Herrenhauses den zweigeschossigen Anbau anstelle eines Seitenflügels anfügen, vor allem aber ist er der Schöpfer des ersten »englischen« Landschaftsparks in der Mark Brandenburg. Eine Generation vor Peter Joseph Lenné ließ der zeitweise als Berliner Kammergerichtsrat und Präsident der neumärkischen Regierung amtierende Gutsherr die übernommene barocke Gartenanlage durch eine inszenierte Naturlandschaft mit künstlichen »Gebirgen«, Seen und Wasserläufen, Sichtachsen mit eingestreuten »antiken« Tempeln u.a. ersetzen. Im Zuge der Parkgestaltung wurden die ursprünglich dem Herrenhaus gegenüberstehenden Wirtschaftsgebäude abgerissen und weiter östlich neu errichtet. Das Gebäude erscheint mit seinen schlichten, vergleichsweise schmucklosen Fassaden und dem flachen Walmdach tatsächlich eher

Gutshaus

◀ *Seite 19: Herrenhaus von Südosten*

als Gutshaus denn als Schloss und fügt sich wunderbar in die romantische Parklandschaft ein. Bis zur Enteignung der Familie von Finckenstein im Jahre 1945 wurde an Haus und Park nichts Fundamentales verändert. Danach folgte die übliche Nutzung als Flüchtlingswohnhaus und später als Kindergarten. Zu Beginn der neunziger Jahre wies das Haus schwerste Bauschäden auf, und der Garten war vollkommen verwildert. 1991 kaufte die Familie von Finckenstein ihr altes Gut, dessen Restitution durch den Einigungsvertrag ausgeschlossen war, von der Treuhand zurück. Unter Einsatz viel privaten Kapitals und mit Unterstützung der vormals in der LPG beschäftigten Dorfbevölkerung gelang es nicht nur, Schloss, Park und Dorf vorbildlich zu sanieren, sondern für die Gemeinde auch eine langfristige wirtschaftliche Perspektive zu entwickeln. Die alten LPG-Gebäude wurden beseitigt, der frühklassizistische Gutshof und das Inspektorhaus wurden restauriert, und die in ökologischem Landbau produzierten Güter werden an Ort und Stelle vermarktet. Das Herrenhaus, in dessen Innerem das Treppenhaus sowie einige alte Stuckdecken gerettet werden konnten, dient wieder als Wohnhaus der Familie und kann daher nur aus der Ferne betrachtet werden. Der Park ist teilweise öffentlich zugänglich.

Monopteros im Park

Landschaftspark mit Herrenhaus

Altdöbern

Schloss (leer stehend)

Ein flüchtiger Blick durch das Schlossportal in die Auffahrt sagt dem Betrachter, dass dies kaum ein preußisches Schloss sein kann. So richtig diese Feststellung in Anbetracht der historischen Tatsachen ist, als so ungenau erweist sie sich bei genauerem Hinsehen auch wieder. Altdöbern befindet sich in der bis 1815 sächsischen Niederlausitz. Demzufolge handelt es sich hier zweifelsfrei um ein sächsisches Schloss, obwohl es seine heutige Hauptfassade erst seit 1881 erhielt, als die Niederlausitz längst preußisch war. Sie wurde auch von einem Berliner Architekturbüro geschaffen, passender Weise jedoch im Stil des sächsischen Rokoko.

Seit 2009 wieder herge- stellt

Der eindrucksvolle, in eine der aufwendigsten Parkanlagen des heutigen Brandenburg eingebettete Bau hat diverse Besitzerwechsel hinter sich, die jeweils Spuren hinterließen. In dem 1285 als Döber, später dann als »alten Döber« erwähnten Dorf hat es wohl seit dem späten 14. Jahrhundert eine Burg einer Familie von Köckritz gegeben, deren Aussehen nicht überliefert ist. Auch über die Bauten der Familien von Kalckreuth, von Dieskau, von Kommerstedt, von Knoch und von Bromsdorf, die bis zum Ende des 17. Jahrhunderts hier lebten, haben sich keine Zeugnisse erhalten, wiewohl sicherlich Teile von ihnen in den bestehenden Bau übernommen wurden.

Im Jahre 1712 wurde der General Alexander Dietrich von Eickstedt von August dem Starken mit dem Gut belehnt. Von Eickstedt ließ sich 1717 eine repräsentative, ursprünglich von einem Schlossgraben umgebene Dreiflügelanlage errichten, die den Kern des heutigen Schlosses bildet. Ein Grundriss von 1717 zeigt das Schloss umgeben von einem symmetrischen barocken Ziergarten.

1748 gelangte das Schloss in den Besitz von Carl Heinrich von Heineken, den Intendanten des Grafen Brühl. Heineken ließ das Schloss um ein Mezzaningeschoss aufstocken, die Fassaden mit illusionistischer Putzmalerei versehen und das Interieur durchgreifend umgestalten. Die noch bestehenden Wandmalereien entstanden in dieser Zeit. Auch der in Resten noch bestehende Barockgarten entstand in der Ära Heineken. Der französische Garten mit den gestaffelten Bassins, Wasserspielen und den aus Elbsandstein gefertigten Skulpturen von Gottfried Knöffler ist in der »märkischen« Kulturlandschaft einzigartig. Knöffler war an vielen bedeutenden sächsischen Bauprojekten der Epoche beteiligt.

Nach einigen weiteren Besitzerwechseln erwarb im Jahre 1880 Heinrich Hartmann Friedrich von Witzleben (1854–1933) das inzwischen ziemlich heruntergekommene Anwesen. Heinrich von Witzleben, seit 1905 Mitglied des preußischen Herrenhauses, stammte aus einer alten thüringischen Familie und war mit Wilhelm I. und Wilhelm II. befreundet. Für beide gab er in Altdöbern häufig Empfänge. Er engagierte sich auch wirtschaftlich und sozial in seinen Gütern. So gründete er eine Brauerei (»Graf von Witzleben-Alt-Doebern«), stiftete das örtliche Johanniterkrankenhaus und ermöglichte die kostenlose Erziehung in der Klosterschule Rossleben.

Durch von Witzleben erhielten Schloss und Park ihre endgültige Gestalt. Das Schloss wurde durch das

Parkseite des Schlosses

◀ *Seite 23: Schloss von Süden*

Architekturbüro Kayser & von Großheim durchgreifend verändert. Die Fassaden wurden mit Elbsandsteinplatten verkleidet, auf der Gartenseite wurden zwei mit Zwiebelhauben bekrönte Türme an die Seitenflügel angefügt, der Hof wurde zweigeschossig überbaut, und auf der Ostseite wurde später nach Plänen der Marie von Witzleben ein Neorenaissancetrakt mit einem wuchtigen Turm angefügt.

Der »französische Garten« wurde durch Carl Eduard Petzold größtenteils in einen »englischen« Landschaftspark mit Vegetationsinseln und Sichtachsen unter Einbeziehung der beiden Seen (Großer und Kleiner Salzteich) umgewandelt. 1912 verkaufte Heinrich von Witzleben das Gut an den jüdischen Zigarettenfabrikanten Eugen Garbaty, der 1938 von den Nazis enteignet wurde. Bis zur Bodenreform gehörte es dann der Familie Lippe-Detmold. Nach jahrzehntelanger Vernachlässigung gelangten Schloss und Park nach der Wende in den Besitz der Stiftung Preußische Schlösser und Gärten, die das Objekt seither sukzessive restauriert. Der Park kann jederzeit besichtigt werden, die einst prachtvollen Innenräume mit den wunderbaren Wand- und Deckenmalereien sind nicht öffentlich zugänglich.

Barockgarten mit Plastiken von Gottfried Knöffler

Schlossportal mit Venus und Merkur von Knöffler

Berlin-Britz

Herrenhaus (Schlossmuseum)

Der Neuköllner Ortsteil Britz verdankt seinen Namen dem Geschlecht von Britzke, dessen Burg im 13. Jahrhundert unweit des heutigen Herrenhauses errichtet wurde. Der wunderbar restaurierte und in einen nicht minder gepflegten Park eingebettete Bau bietet heute ein weitgehend gründerzeitliches Erscheinungsbild. Gleichwohl stammt der Bau im Kern aus dem 18. Jahrhundert.

Das Gut Britz hat eine bewegte Geschichte mit diversen Besitzerwechseln hinter sich. Die von Britzke verkauften das Gut 1699 an den Kammerpräsidenten Chalkowski. Dessen Schwiegersohn von Erlach ließ im Jahr 1706 den Barockbau errichten, dessen Kubatur im Wesentlichen erhalten blieb. Nach diversen weiteren Besitzerwechseln gelangte das Haus 1865 in den Besitz des Fabrikanten Julius Wrede, der es 1880–83 umbauen und in den heute noch bestehenden Zustand versetzen ließ.

Das Landgut hatte eine dynamische Entwicklung hinter sich und galt seit dem Spätmittelalter als Mustergut. Maulbeerbäume für die Seidenproduktion, Windmühlen, Obstanbau und Rosenzucht waren die Basis des wirtschaftlichen Erfolgs, der im 20. Jahrhundert mit dem »Rosenfest« und der »Britzer Baumblüte« geschickt vermarktet wurde.

Im Rahmen der Umbauarbeiten fügte der Architekt Carl Busse dem barocken Gutshaus auf der Gartenseite einen Turm hinzu und veränderte den Bauschmuck so durchgreifend, dass das Gebäude heute als eine stilreine Schöpfung der Gründerzeit erscheint.

In den Nachkriegsjahren wurde das Herrenhaus zunächst als Kinderheim genutzt. In den achtziger Jahren wurde das Gebäude sehr qualitätvoll restauriert und als weitgehend authentisches Museumsschloss im Stil des ausgehenden 19. Jahrhunderts der Öffentlichkeit übergeben. Die sanierten Stuckdecken zeigen wieder ihre ursprüngliche Plastizität und Farbigkeit, die von Raum zu Raum wechselnden Intarsienparkette wurden abgeschliffen, ergänzt und versiegelt, die Wandbespannungen rekonstruiert oder dem ursprünglichen Zustand nachempfunden. Im Kunsthandel wurden Antiquitäten erworben, um die wiederhergestellten Räume (Herrenzimmer, Damenzimmer, Jagdzimmer, Festsaal, Musikzimmer u.a.) authentisch auszustatten und mit Leben zu erfüllen. Selbst der Festsaal wurde vollständig mit Gründerzeitstühlen eingerichtet. Abgesehen vom Gründerzeitmuseum im Gutshaus Mahlow lässt sich die gehobene bürgerliche Wohnkultur der frühen Kaiserzeit kaum andernorts in solcher Pracht bewundern.

Das Haus wird heute auch für Ausstellungen und Konzerte genutzt. Auf der Südostseite haben sich auch die alten Gutsgebäude erhalten. Von schönen Parkanlagen umgeben, bildet das Ensemble heute eine auch unter den Berlinern leider zu wenig bekannte Oase im sonst wenig idyllischen Neukölln.

Dorfteich mit Herrenhaus von Westen ▶

Parkseite des Schlosses

Jagdzimmer

Terrassenzimmer

Berlin-Dahlem

Domäne (Museum)

Mitten im Zehlendorfer Wohnviertel Dahlem befindet sich laut Eigenwerbung »Deutschlands einziger Bauernhof mit U-Bahn-Anschluss«. Das beliebte Ausflugsziel ist in der Tat eines der letzten agrarischen Relikte der Hauptstadt. Wenngleich seit 1920 auf Berliner Stadtgebiet gelegen, lässt sich sein Umfeld, dass heute durch Villenbauten der späten Kaiserzeit sowie durch zahlreiche verstreut liegende Institute der Freien Universität geprägt ist, jedoch schwerlich als urban bezeichnen. Insbesondere das Gebiet um den U-Bahnhof Dahlem-Dorf hat sich mit dem Dorfanger, dem Dorfkrug, der spätgotischen St. Annenkirche und eben den Bauten der Domäne bis heute sein ländliches Aussehen bewahrt. Mit dem überwiegend barocken, stilistisch noch der Renaissance verhafteten Herrenhaus und den um einen weitläufigen Hof gruppierten landwirtschaftlichen Funktionsgebäuden präsentiert sich die Domäne geradezu als Idealtyp eines preußischen Landgutes.

Die Geschichte des ehemaligen Ritterguts lässt sich bis ins 15. Jahrhundert zurückverfolgen, das Dorf – ehemals Dalm oder Dalim – existierte vermutlich schon im 13. Jahrhundert. Bis 1482 gehörte das Gut der Familie von Milow. Nach deren Aussterben wurde im Jahre 1484 die Familie von Spiel mit Dahlem belehnt. 1540 verkaufte Christian von Spiel den »Spielsee« (Grunewaldsee) an Kurfürst Joachim II., der sich ab 1542 dort das Jagdschloss Grunewald erbauen ließ. Vermutlich um 1560, kurz nach seiner Heirat mit Anna von Hake, errichtete Peter von Spiel den Fachwerkbau, der den baulichen Kern des bestehenden Herrenhauses bildet. Im Gebäudeinneren haben sich von diesem ein Kellerraum und die so genannte Hofstube oder Kapelle – die niemals eine sakrale Zweckbestimmung hatte – mit dem schönen spätgotischen Sterngewölbe erhalten. Die infolge der Verwüstungen des Dreißigjährigen Krieges verarmten Spiels mussten das Gut 1665 an Georg Adam von Pfuel verkaufen, der es nur sechs Jahre später an Cuno Hans von Wilmerstorff weiterverkaufte.

Dieser ließ den Bau bis 1680 grundlegend umgestalten. Der vermutlich sechsachsige Ursprungsbau wurde beiderseits um zwei Achsen verlängert, durch einen Südflügel zu einer T-förmigen Anlage ergänzt und erhielt auf der Hofseite einen prächtigen Mittelrisalit. Die Fachwerkwände wurden ummauert. Auch das Satteldach und der im Wesentlichen aus den geschweiften Volutengiebeln und den rustizierten Gebäudekanten bestehende schlichte Fassadenschmuck datiert in diese Zeit. Als Cuno das Haus 1680 mit seiner Gemahlin Katharina Elisabeth von Hake bezog, ließ er das »Allianzwappen« über dem Hauptportal anbringen. Von den in dieser Zeit entstandenen Räumen sind vor allem der Fest- und Speisesaal mit dem Kamin und der reichen, in den achtziger Jahren rekonstruierten Stuckierung sowie die Eingangshalle, an deren Ende sich heute die nachträglich verlegte Treppe befindet, bemerkenswert. Während das Interieur stilistisch eindeutig dem frühen Barock zuzuordnen ist, zeigt der Außenbau noch Formen der ausklingenden Renaissance. Aufschlussreich ist der Vergleich etwa mit den wenig älteren Herrenhäusern in

Kemnitz oder Reckahn. Die brandenburgischen Bauherren standen wenige Jahre nach dem Dreißigjährigen Krieg noch nicht an der Spitze der architektonischen Entwicklung.

Im Jahre 1799 musste Leopold Heinrich von Wilmerstorff das Gut »aus wirtschaftlichen Gründen« an Friedrich Heinrich von Podewils verkaufen. Nach dessen Tod im Jahre 1804 kam es an den Großkanzler und geheimen Staatsminister Carl Friedrich von Beyme. 1841 schließlich wurde es zur »königlichen Domäne«. Bis zu deren endgültiger Auflösung im Jahre 1976 spielte das Gut eine zunächst noch wichtige, mit dem Rückgang der Anbauflächen jedoch zunehmend unbedeutendere Rolle bei der Nahrungsmittelversorgung Berlins. Im Jahre 1913 wurde die letzte größere bauliche Veränderung am Herrenhaus vorgenommen. Der Haupttrakt wurde nach Westen hin um einen vierachsigen Neorenaissancetrakt erweitert, der mit dem Altbau gut harmoniert, so dass er optisch kaum als Hinzufügung wahrgenommen wird.

Oben: Fest- und Speisesaal

Unten: Hofstube

◀ *Seite 31: Herrenhaus vom Gutshof*

Herrenhaus von Nordwesten

Als das verbliebene Gutsgelände nach der Auflösung der Domäne 1976 bebaut werden sollte, konnte dies durch die Gründung des »Vereins der Freunde der Domäne Dahlem« verhindert werden. Das Gelände wurde zum Landgut, auf dem biologische Landwirtschaft betrieben wird und dessen Produkte hier auch direkt vermarktet werden, und es wurde ein Freilicht- und Ernährungsmuseum eingerichtet. Das 1989/90 restaurierte Herrenhaus wird seit 1995 von der »Stiftung Stadtmuseum Berlin« genutzt, die hier Ausstellungen über Landwirtschaft und Ernährung zeigt.

Berlin-Grunewald

Palais Pannwitz (Schlosshotel im Grunewald)

Das heutige »Schlosshotel Berlin« ist eines der jüngsten in diesem Buch vorgestellten Gebäude und markiert in mancher Hinsicht einen Schlusspunkt dieser Bauaufgabe. Es wurde 1914 vollendet und in Anwesenheit des Kaisers eingeweiht. In der Person des Walter von Pannwitz treffen ebenso wie in seinem prunkvollem Wohnsitz Elemente der vergangenen Epoche mit solchen der neuen Zeit aufeinander. Altem schlesischen Adel entstammend, hatte er sein Vermögen jedoch nicht auf traditionelle Weise als Großgrundbesitzer, sondern als erfolgreicher Münchener Prominentenanwalt erworben. 1910 siedelte er nach Berlin über und gab dem Architekten German Bestelmeyer den Auftrag, ihm in der Brahmsstraße einen Wohnsitz zu schaffen, der zugleich der Unterbringung seiner umfangreichen Kunstsammlung und als glanzvoller gesellschaftlicher Rahmen dienen sollte. Der für etwa fünf Millionen Goldmark errichtete Bau steht in einer Reihe mit Gebäuden wie der Villa Hügel in Essen, der Villa Borsig in Berlin-Tegel oder dem in diesem Buch vorgestellten Herrenhaus Correns in Berlin-Lankwitz, der späteren Siemens-Villa. An der südwestlichen Peripherie der schier unaufhaltsam wachsenden preußischen und später deutschen Hauptstadt entstanden nacheinander die Villenviertel, in denen sich die alten und neuen Begüterten ihre Residenzen schufen. Seit dem frühen 19. Jahrhundert zunächst am Rande des Tiergartens und nach der Reichsgründung in einem breiten Streifen von Lichterfelde über Zehlendorf und Grunewald bis nach Westend wetteiferte die neue Aristokratie des Industriezeitalters im Bau immer luxuriöser Villen und Paläste, von denen ein beträchtlicher Teil die Katastrophen des 20. Jahrhunderts überstand und aus denen einige deutlich herausragen.

Das ehemalige Palais Pannwitz im Stadtteil Wilmersdorf-Grunewald ist ein zweigeschossiger Putzbau mit Mansarddach im Stil spätbarocker französischer Stadtpalais. Das auf Z-förmigem Grundriss errichtete Gebäude befindet sich auf einem 22 000 m^2 großen Grundstück. Noch frappierender als die Noblesse seiner Fassaden ist der unvergleichliche Prunk seines Interieurs. Die in den neunziger Jahren mit großem Aufwand unter Beteiligung des Modedesigner Karl Lagerfeld denkmalgerecht restaurierten Innenräume changieren stilistisch zwischen französischem Barock und italienischer Renaissance. Vom Jugendstil, der während der Entstehungszeit den Villenbaus dominierte, ist wenig zu erkennen. Die eindrucksvolle Empfangshalle mit der Löwentreppe und das sich anschließende Kaminzimmer (die heutige Hotelbar) sind durch schwere Kassettendecken, Seidentapeten und geschnitzte Türrahmen geprägt. Die flankierenden Repräsentationssäle (die heutigen Restaurant- und Bankettbereiche) besitzen teils aufwendige, aus verschiedenen Hölzern gefertigte Wandvertäfelungen, teils Natursteinverkleidungen mit ionischen Marmorpilastern. Im zweiten Durchgangssaal findet man gar eine aus Elbsandstein gefertigte Wendeltreppe im Renaissancestil. Die Räume verfügen über unterschiedliche, teils intarsierte Parkette. Das Palais Pannwitz zählt zu den wenigen Gebäuden seiner Art, die bei Kriegsende nicht geplündert wurden. Die Ausstattung mit Gemälden,

Empfangshalle mit Löwentreppe

◀ *Seite 35: Hauptportal an der Brahmsstraße*

antiken Möbeln, Silber, Porzellan u.a. ist noch immer opulent und für ein Hotel außergewöhnlich.

Das Haus wurde nach dem Tod Walters von Pannwitz von seiner Witwe Catalina an die Stadt verkauft. Seit 1951 fungiert es als Hotel mit wechselnden Betreibern und Namen. War es als »Gerhus« in den fünfziger Jahren die nobelste Adresse Berlins, so muss es sich zwar heute als »Schlosshotel im Grunewald« gegen diverse weitere Hotels der Fünf-Sterne-Kategorie behaupten, in seiner Besonderheit ist es aber eigentlich konkurrenzlos.

Oben: Kaminzimmer

Unten: Holzgetäfelter Veranstaltungsraum

Berlin-Kladow

Gutshaus Neukladow (»Kulturpark«)

Dem kleinen Herrenhaus im äußersten Südwesten Berlins gebührt zweifellos die Krone des landschaftlich am attraktivsten gelegenen Anwesens unter den hier vorgestellten. Das Haus befindet sich inmitten eines Landschaftsparks auf einer Aussichtsterrasse über der Havel, vis á vis der Insel Schwanenwerder, mit direktem Blick auf den Großen Wannsee. Ungeachtet seiner spektakulären Lage ist es den meisten Berlinern – auch vielen alteingesessenen Westberlinern – vermutlich unbekannt. Das ist sicher maßgeblich auf die Behandlung zurückzuführen, welche die Stadt Berlin und der Bezirk Spandau diesem Kulturdenkmal in der Nachkriegszeit und auch schon davor angedeihen ließen.

Wie bereits der Name erkennen lässt, war Kladow ursprünglich eine wendische Siedlung. Wenn sich seine Geschichte auch bis ins 13. Jahrhundert zurückverfolgen lässt, beginnt die des Gutes Neukladow eigentlich erst am Ende des 18. Jahrhunderts. Im Jahre 1799 überließ Friedrich Wilhelm III. es seinem Kabinettsrat Anastasius Mencken. Dieser ließ sich in den beiden folgenden Jahren das bestehende Gutshaus vermutlich von einem Architekten aus dem Umfeld David Gillys, wenn nicht gar von diesem selbst erbauen. Mencken hatte keine Gelegenheit, seinen neuen Besitz zu genießen – er starb bereits 1801. Bis 1806 wohnten hier noch seine Witwe und seine Tochter Luise Wilhelmine. Letztere ging als Mutter des Reichskanzlers Otto von Bismarck in die Geschichte ein.

Es gibt in Preußen mehr Bauten, die der »Gilly-Schule« zugeordnet werden, als solche, die man dem Architekten selbst zuweisen kann. David Gilly (1748–1808) war neben Langhans der Protagonist des preußischen Klassizismus vor Schinkel. Das Gutshaus ist ein eingeschossiger, neunachsiger Putzbau unter einem steilen, ausgebauten Satteldach, das beiderseits in Segmentbogengiebeln gipfelt. Mit seinen weißen Fensterläden strahlt es ein zum Standort passendes mediterranes Flair aus.

Nach dem Auszug der Menckens wechselte das Gutshaus siebzehnmal den Besitzer! 1887 erwarb es schließlich der Rüdersdorfer Zementfabrikant Robert Guthmann, der zunächst den Abriss des Hauses und die Parzellierung des Gutsparkes plante. Aufgrund der damals wie heute langen Fahrstrecke nach Berlin wurden diese Pläne jedoch verworfen. Glücklicherweise blieben die zeitweise ernsthaft erwogenen Pläne für den Bau einer Hängebrücke von Kladow nach Berlin unausgeführt. Robert Guthmann übergab das Haus dann seinem Sohn Johannes zur Nutzung. Dieser ließ durch den Architekten Paul Schultze-Naumburg (1869–1949) an der Ostseite eine Giebelwand mit einem halbrunden, als Altan geöffneten Vorbau anfügen und die Innenräume durch Alfred Grenander (1863–1931) neu gestalten. Schultze-Naumburg zeichnete auch die Entwürfe für die Torhäuser am Parkeingang. Zusammen mit seiner Schwester Mary machte Johannes Guthmann das Haus zu einem Treffpunkt der prominenten Berliner Künstler. Zu den Gästen gehörten Max Slevogt, der eine nicht mehr existierende Gartenloggia ausmalte, Max Liebermann, Gerhard Hauptmann, Tilla Durieux und Max Reinhardt. 1921

Vestibül

wurde Johannes von seinem Vater das Nutzungsrecht entzogen, 1928 verkaufte Mary das Anwesen an die Stadt. Seit 1935 wurde es von der Wehrmacht genutzt, die hier die berüchtigte »Legion Condor« ausbilden und auf der Westseite des Gutshauses eine Reihe von zeittypischen Holzbaracken errichten ließ, die in den neunziger Jahren beseitigt wurden. Nach dem Krieg wurden Haus und Nebengebäude von der Arbeiterwohlfahrt genutzt, danach kam ein Jugendclub und

◀ *Seite 39: Gutshaus von Nordosten*

Blick vom Gutshaus zum Wannsee

dann jahrelanger Leerstand mit den entsprechenden Folgen für die Bausubstanz. In den letzten Jahren bot sich den Besuchern ein deprimierender Anblick. Seit 2006 wird das Haus wieder genutzt. Die maßgeblich von drei Herren getragene Initiative »Kulturpark« veranstaltet jeweils am ersten Sonntag im Monat Lesungen, Ausstellungen und Konzerte. Wenn dieses Projekt langfristig von Erfolg gekrönt ist und das Haus eines Tages saniert wird, werden von den zahlreichen Ausflüglern, die an den Wochenenden den Kladower Hafen besuchen, künftig wieder Etliche einen Spaziergang nach Norden zum Gutspark unternehmen.

Berlin-Lankwitz

Herrenhaus Correns (Deutsche Bibliothek)

An der Ecke Calandrellistraße/Gärtnerstraße in einer beschaulichen, aber nicht auffällig noblen Villengegend in Lankwitz befindet sich ein Palais, dass nur wenige Berliner kennen, obwohl es kaum seinesgleichen hat. Das dreiflügelige, auf einem 35 000 m^2 großen Grundstück stehende Gebäude ließ sich in den Jahren 1913 bis 1916 der Akkumulatorenfabrikant Friedrich Christian Correns erbauen. Mit dem Bau betraute er den Architekten Fritz Freymüller, der später Steglitzer Baustadtrat wurde. Obschon mithin für einen Bürgerlichen errichtet, handelt es sich hier um einen Bau, der den Rahmen dessen, was man unter Villa versteht, deutlich sprengt und der über alle baulichen Attribute einer schlossartigen Residenz verfügt – ausgestattet mit jedem denkbaren Komfort.

Das Haus besitzt im Inneren neben den Ingredienzien der traditionellen Schlösserarchitektur wie Marmor- und Stuckmarmorverkleidungen, fein geschnitzten Vertäfelungen und Brüstungen, reich stuckierten Decken, Wandmalereien, Intarsienparketten aus den verschiedensten Hölzern u.a. eine Vielzahl von neuartigen technischen Luxuseinrichtungen, in denen sich das Selbstbewusstsein, der exorbitante Wohlstand und der Fortschrittsoptimismus einer neuen Gesellschaftsschicht artikulierten.

Details wie die in Wandschränken versteckten Spülbecken, eine im Musikzimmer eingebaute Orgel, ein Kamin mit elektrisch verschließbarer Blende, Heizkörper und teilweise Fußbodenheizungen im ganzen Haus, gefließte Bäder mit Duschen, Badewannen und beheizbaren Handtuchhaltern, an einen Hauskompressor angeschlossene Staubsaugereinrichtungen mit fest installierten Wandstutzen, Personen- und Lastenaufzüge, Durchreichen, eine Kegelbahn und Billardtische im Keller, Springbrunnen mit Bronzefiguren und Mosaikrahmungen und vieles andere zeigen unmissverständlich, dass wir hier ungeachtet der tradierten Formensprache im 20. Jahrhundert angekommen sind. Überhaupt ist die Gleichzeitigkeit von überkommenen Formen und moderner Technik ein charakteristisches Markenzeichen der Epoche Wilhelms II. Auch dieser ließ seine Schlösser gern mit den neuesten technischen Errungenschaften ausstatten, bevorzugte aber gleichzeitig einen üppigen neobarocken Wohnstil, der seinem absolutistischen Selbstbild entsprach.

Das »Herrenhaus« Correns ist eine verputzte Dreiflügelanlage mit einem offenen dorischen Säulenportikus auf der Straßenseite und einem überkuppelten ovalen Mitteltrakt auf der Gartenseite. Die eingeschossigen Seitenflügel kulminieren gleichfalls in flachen Kuppeln. Das Gebäude zeigt in seinem Äußeren unverkennbar die mit klassizistischen Elementen aufgeladene Formensprache des Berliner Jugendstils. Unter den 73 Räumen findet sich eine Reihe großer Veranstaltungs- und Konferenzsäle. Dazu zählen die beiden in den ovalen Mitteltrakt eingefügten, übereinander gelegenen, teils mit Holzvertäfelungen verkleideten und reich stuckierten Konferenzräume, der mit Wandmalereien ausgestattete ehemalige Speisesaal und der Musiksaal. Weitere dominierende Elemente der Innenarchitektur sind das prachtvolle Treppenhaus und die teils säulengeschmückten Wandelgänge.

Correns wollte selbstverständlich auch bei der Gestaltung seines Grundstücks auf nichts verzichten. So ließ er sich einen romantischen Landschaftspark mit Gartenpavillon, Springbrunnen und einem See gestalten. Letzterer konnte sogar mit Booten befahren werden. Da die Betonwanne, die dies ermöglichte, bei Bauarbeiten in den siebziger Jahren zerstört wurde, lässt sich diese Attraktion heute nicht mehr besichtigen.

Da das Anwesen 1925 von der Familie Siemens erworben wurde, ist das Haus auch als Siemens-Villa bekannt. Ab 1925 wurde an den nördlichen Seitenflügel ein stilistisch korrespondierender Konzertsaal angefügt.

Im Krieg diente das Gebäude zeitweilig als Kinderheim. Die Kegelbahn und der Billardkeller wurden zu einem Luftschutzkeller umgebaut. Nach 1945 wurde es von Russen und Amerikanern geplündert. Das bewegliche Interieur ist in alle Winde zerstreut.

Treppenhaus

◀ *Seite 43: Herrenhaus von der Parkseite*

In der Nachkriegszeit wurde im Herrenhaus Correns zunächst das Ibero-Amerikanische Institut und seit 1978 das Musikarchiv der Deutschen Bibliothek untergebracht. Zeitweilig befand sich im zweiten Obergeschoss eine Dependance des Bundesnachrichtendienstes. Wenn das Musikarchiv im Jahre 2011 nach Leipzig umzieht, wird für das Gebäude eine neue Zweckbestimmung gesucht. Ungeachtet des Verlustes seiner ursprünglichen Einrichtungsgegenstände vermittelt es auch mit seiner funktionalistischen, die Räume entstellenden Bibliothekseinrichtung noch einen guten Eindruck vom großbürgerlichen Prunk vergangener Tage.

Jugendstilbadezimmer

Vestibül

Musiksaal

Berlin-Lichterfelde

Herrenhaus (»Carstenn-Schlösschen«)

Die wenigsten unter den Tausenden Pendlern, die auf dem Weg zur Arbeit über den verkehrsreichen Hindenburgdamm durch Lichterfelde fahren, ahnen, dass das ockerfarben verputzte zweigeschossige Gebäude, an dem sie mehr oder weniger achtlos vorbeifahren, eines der letzten spätbarocken Herrenhäuser im heutigen Berlin ist.

Das alte Rittergut Giesendorf (Lichterfelde) hatte im Laufe seiner Geschichte viele Besitzer. Unter ihnen findet man bekannte Familien wie von Gröben, Quast, Bülow oder Hake. Die unzähligen Besitzerwechsel waren maßgeblich darauf zurückzuführen, dass die kargen Böden der Gegend wenig Erträge abwarfen.

Ein grundlegender Wandel trat erst ein, als der Immobilienspekulant Johann Anton Wilhelm Carstenn das Gut mit dem umfangreichen Landbesitz im Jahre 1865 erwarb. Der 1822 im holsteinischen Neverstaven geborene Carstenn hatte zuvor durch den Erwerb des Hamburger Landguts Wandsbek und dessen erfolgreiche Umwandlung in die Villensiedlung Marienthal ein Vermögen erworben. In Lichterfelde plante er Gleiches in größerem Maßstab. Zusätzlich erwarb er die Rittergüter Wilmersdorf und Friedenau. Zwecks Förderung seiner Pläne schenkte Carstenn dem Staat im Jahre 1871 Land zur Schaffung der neuen »Preußischen Haupt-Kadettenanstalt«. Auf diese Weise hoffte er die gehobene Militär-Aristokratie in sein neues Villenviertel zu locken. Obgleich dieser Plan ebenso wie die Entwicklung der Villenkolonie zunächst glückte, fand Carstenn unternehmerische Laufbahn kein gutes Ende. Er verspekulierte sich bei der Finanzierung seines hypertrophen Projektes und wurde ein Opfer der Gründerkrise nach 1873. Immerhin wurde er für seine Verdienste geadelt und mit einem Ehrensold bedacht. Im Jahre 1896 starb er verarmt in einer Schöneberger Nervenheilanstalt.

Als persönliche Residenz erwählte Carstenn auf der Höhe seines Ruhmes keine der neu errichteten Villen, sondern das alte Lichterfelder Herrenhaus am heutigen Hindenburgdamm 28. Die genaue Entstehungsgeschichte des Baus liegt weitgehend im Dunkeln. Der siebenachsige Mittelbau entstammt dem Spätbarock und wurde vermutlich um 1780 unter Einbeziehung eines Vorgängerbaus vom Anfang des 18. Jahrhunderts errichtet. Der Stil des zweigeschossigen Gebäudes ist ein sachlicher, geometrischer Barockklassizismus. Der Mittelrisalit fluchtet nicht aus der Fassade und enthält beiderseits die Portale. Auf der Gartenseite befindet sich eine altanartige Terrasse. Nachdem Carstenn das Haus erworben hatte, ergänzte er den Bau um die beiden markanten turmartigen Seitentrakte, die, obschon deutliche Gründerzeitstilelemente enthaltend, mit dem Barocktrakt harmonieren. Auffällig sind die Thermenfenster im Obergeschoss und das Zahnschnittprofil am Kranzgesims. Da Carstenn an einem attraktiven Umfeld für die künftigen Siedler interessiert war, ließ er den Garten zu einem »englischen« Landschaftspark umgestalten und machte ihn öffentlich zugänglich. Er wurde nach 1905 verändert und steht heute unter Denkmalschutz. Da das Haus seit 1930

Herrenhaus vom Hindenburgdamm

Gartensaal

◀ *Seite 47: Herrenhaus vom Gutspark*

Park mit Herrenhaus

eine lange Geschichte behördlicher Fehlnutzungen erlebte, ist von dem ehemals prachtvollen Interieur fast nichts mehr erhalten. Heute ist hier ein »Haus der Generationen« untergebracht, in dem neben einer Kindertagesstätte verschiedene Beratungsdienstleistungen angeboten werden. Einzig sehenswert und mit der Wandbemalung etwas historisches Ambiente ausstrahlend ist der Gartensaal im Erdgeschoss, in dem ein Café untergebracht ist.

Berlin-Mahlsdorf

Gutshaus (Gründerzeitmuseum)

Das Mahlsdorfer Gutshaus hat ungeachtet seines über 200-jährigen Bestehens den interessantesten Teil seiner Geschichte erst nach 1945 erlebt. Das Haus ist in seiner heutigen Gestalt undenkbar ohne eine der schillerndsten Figuren der Berliner DDR- und Wendezeit. Der 2002 verstorbene Lothar Berfelde alias Charlotte von Mahlsdorf hat das Haus Ende der fünfziger Jahre vor dem Abriss bewahrt und ihm seit 1960 die Zweckbestimmung als Gründerzeitmuseum verliehen, die es ungeachtet der Wirren in den neunziger Jahren noch heute hat.

Das schlichte, mit einem Krüppelwalmdach gedeckte neunachsige Haus bildete den Mittelpunkt eines seit dem 14. Jahrhundert bestehenden Gutes. Aus dieser Zeit ist ein Besitzerwechsel von »Malsterstorp« vom Ritter Tyle Ryteling an den Ritter Otto von Kethelitz überliefert. Das Gut wechselte im Laufe seiner Geschichte noch häufig den Eigentümer, bevor es 1821 von dem Fabrikanten Johann Friedrich Kapke erworben wurde. Infolge der Stein-Hardenbergschen Reformen konnten nun auch Bürgerliche Landbesitz und Güter erwerben. Das Gutshaus entstand laut Dehio noch im späten 18. Jahrhundert, einem neueren dendrochronologischen Gutachten zufolge wurde es aber vermutlich erst zu Beginn des 19. Jahrhunderts errichtet. Im Jahre 1869 kaufte es der jüdische Kaufmann Hermann Lachmann, der es im Gründerzeitstil umgestalten und den zweigeschossigen Mittelrisaliten sowie die Freitreppe zum Garten einfügen ließ. 1880 ging das Gut an die Familie von Schrobsdorff. Hermann von Schrobsdorff ließ die Gärten auf der Südseite des Hauses zu einem »englischen« Landschaftspark umgestalten. Als die ehemaligen Anbauflächen sukzessive in Bauland umgewandelt wurden und das landwirtschaftliche Gut allmählich in der Millionenstadt aufging, verkauften die Schrobsdorff Haus und Park 1919 an die Stadt Berlin. In den Weimarer Jahren wurde das Gutshaus als Säuglingsheim, Verwaltungsstelle, Schule und Kindergarten zweckentfremdet. Der Wirtschaftshof mit den landwirtschaftlichen Funktionsgebäuden wurde abgerissen. 1928 wurde auf der Gartenseite eine als Wintergarten verglaste Veranda angefügt.

Diese wurde nach dem Krieg ebenso wie ein großer Teil der plastischen Fassadengestaltung entfernt. In beiden Teilen Berlins tendierte man in den Nachkriegsjahrzehnten zum »Glätten« historischer Fassaden. Nachdem das Gebäude in den fünfziger Jahren überflüssig geworden war, plante man 1958 seine Beseitigung.

Verhindert wurde dies durch einen jungen Mann, der dadurch auf sich aufmerksam machte, dass er seit dem Kriegsende in Frauenkleidern herumlief und mit Antiquitäten vorzugsweise aus der Gründerzeit handelte. Lothar Berfelde, den alle Welt bald nur noch als Charlotte von Mahlsdorf kannte, konnte die Funktionäre dazu bewegen, ihm 1960 das marode Haus als Standort für ein Gründerzeitmuseum zu überlassen. Die folgenden Jahrzehnte verbrachte er damit, eine der bedeutendsten privaten Sammlungen dieser Epoche zusammenzutragen und im Rahmen des in der DDR Möglichen das Gebäude zu sanieren. Nachdem er im Kellergewölbe den Tresen der Mulackritze – einer

abgerissenen Altberliner Kneipe aus dem Scheunenviertel – eingebaut hatte, etablierte sich dort einer der ersten Ostberliner Schwulen- und Szenetreffs.

1972 wurde das Gutshaus in die Bezirksdenkmalliste aufgenommen und 1987 der siebzehn Hektar große Gutspark unter Schutz gestellt.

Nach der Wende wurde Lothar Berfelde als Eigentümer des Hauses im Grundbuch eingetragen. Von 1993 bis 1995 wurde der Landschaftspark mit dem historischen Wegenetz wiederhergestellt, und am Haus wurden erste Sanierungsarbeiten vorgenommen. Nach Übergriffen durch Neonazis und Anfeindungen wegen möglicher MfS-Verstrickung verkaufte Charlotte von Mahlsdorf das Haus sowie einen großen Teil der Sammlung 1995 an die Stadt Berlin und übersiedelte nach Schweden. Sie starb 2002 bei einem Berlin-Besuch. Das Museum wird seit 1997 von dem

◄ *Seite 51: Parkseite des Gutshauses*

Förderverein Gutshaus Mahlsdorf e.V. betrieben.

Das eingeschossige, neunachsige Gebäude erscheint eher als großes märkisches Bauernhaus denn als Herren- oder Gutshaus. Besuchenswert ist es tatsächlich vor allem wegen der einzigartigen Sammlung, die mit der Architektur wunderbar harmoniert. Charlotte von Mahlsdorf – die sich mit der Rolle eines Dienstmädchens der Kaiserzeit identifizierte – bewies mit ihrer Vorliebe für die damals gering geschätzten und heutzutage teuer gehandelten Erzeugnisse dieser Epoche erstaunliche Weitsicht. Eine vergleichbare Sammlung hochwertiger Möbel, Musikinstrumente und Alltagsgegenstände aus der Gründerzeit lässt sich kaum irgendwo finden. Im Keller gibt es einen »Gründerzeitmarkt« mit angeschlossenem Auktionshaus.

Berlin-Marienfelde

Gutshaus (Bundesinstitut für Risikobewertung)

Das Gutshaus Marienfelde gehört zu den zahlreichen schlossartigen Bauten Berlins, die außer unmittelbaren Anwohnern und einigen Architekturkennern kaum jemanden bekannt sind. Das liegt wohl vor allem an seiner versteckten Lage an der äußersten Peripherie der Stadt. Obgleich nicht öffentlich zugänglich, lohnt das vorzüglich restaurierte, am östlichen Ende von Alt-Marienfelde gelegene, in ein reizvolles dörfliches Umfeld eingebettete Gebäude einen Ausflug.

Marienfelde war ursprünglich eine Gründung des Templerordens, der dem Bezirk Tempelhof – zu dem es heute gehört – seinen Namen gab. Die etwa fünfhundert Meter vom Gutshaus entfernte, um 1220 erbaute Marienfelder Dorfkirche gilt als das älteste Bauwerk des heutigen Berlin. Nachdem es im 14. Jahrhundert zunächst vom Johanniterorden übernommen wurde, gelangte das Bauerndorf im 15. Jahrhundert in den Besitz der Städte Berlin und Cölln. Das Landgut Marienfelde wurde erst gegründet, nachdem Berlin das Dorf im Jahre 1831 wieder veräußert hatte. Im Jahr darauf errichtete der Architekt und Maurermeister Julius Hornitz auf den Fundamenten eines alten Bauernhauses das eingeschossige klassizistische Herrenhaus, das den Kern des heutigen Gebäudes bildet. 1844 erwarb der Ökonomierat Adolf Kiepert das Gelände und ließ es systematisch zu einem landwirtschaftlichen Musterbetrieb ausbauen. 1859 ließ er das Gutshaus zu seiner heutigen Gestalt als Turmvilla im italienischen Stil umbauen und den noch bestehenden Zier- und Landschaftspark auf der Ostseite des Gebäudes anlegen. Kiepert, nationalliberaler Reichstagsabgeordneter und Mitbegründer der »Deutschen Landwirtschaftsgesellschaft«, lebte bis zu seinem Tod im Jahre 1892 in Marienfelde. Im Schatten seines Landgutes entwickelten sich auch eine Orchideenzucht, eine Brennerei und mehrere Baumschulen. Im Gefolge des damit einkehrenden Wohlstands entstand zwischen dem Herrenhaus und dem alten Dorfkern eine kleine, gleichfalls gut erhaltene Villenkolonie. 1929 gelangte das Gut wiederum in den Besitz der Stadt Berlin, die es seither verschiedenen behördlichen Nutzungen zugeführt hat, die im Inneren des Hauses leider auch entsprechende baulich-funktionale Veränderungen nach sich zogen. Heute ist das Gut einer von drei Standorten des »Bundesinstituts für Risikobewertung« (BfR), das für die Abschätzung von Gesundheitsrisiken von Lebensmitteln und chemischen Substanzen verantwortlich ist. Von 2000–02 wurde das Haus recht einfühlsam restauriert und präsentiert sich heute wie auch die gesamte Guts- und Parkanlage in äußerst gepflegtem Zustand.

Zusammen mit seinen backsteinernen landwirtschaftlichen Funktionsgebäuden wirkt das stilistisch zwischen Klassizismus und Gründerzeit changierende, weiß verputzte Gebäude geradezu als Prototyp eines preußischen Landgutes. Durch das westlich des Herrenhauses gelegene, von zwei preußischen Adlern bewachte schmiedeeiserne Portal gelangt man in den weiträumigen Gutshof. Das Haus ist aufgrund seiner Funktion nicht öffentlich zugänglich, ist aber gelegentlich – etwa am Tag des offenen Denkmals – auch für Besucher geöffnet. Die Innenräume sind als modern-funktionale Büroräume gestaltet, wurden aber unter Berücksichtigung denkmalschützerischer Belange renoviert. So wurden die alten

Gutshaus vom Gutshof

◀ *Seite 55: Park und Gutshaus von Osten*

Dielen wiederhergestellt und die Stuckdecken saniert; die Farbgebung der Wände orientiert sich – wenn auch die originalen Bemalungen nicht wiederhergestellt wurden – an der ursprünglichen Gestaltung. Die eindrücklichsten Räume sind das Treppenhaus sowie der gelbe und der blaue Konferenzraum auf der Straßenseite im Erdgeschoss des Hauses. Das Gut Marienfelde ist heute somit Teil eines zu Berlin gehörenden typisch brandenburgischen Angerdorfs, wie man es in solchem Erhaltungszustand in der Mark nur selten findet.

Oben: Treppenhaus

Unten: Gelber Konferenzraum

Berlin-Steglitz

Gutshaus »Wrangelschlösschen« (Bezirksamt, Schlossparktheater)

Obgleich das ehemalige Steglitzer Gut an einer der verkehrsreichsten Kreuzungen im Südwesten Berlins liegt, hat sich das Gebäudeensemble, an dem täglich Tausende von Autofahrern achtlos vorbeibrausen, auf der Westseite noch etwas von seinem ländlichen Charme bewahrt. Während die Szenerie auf der gegenüberliegenden Seite durch den berüchtigten »Steglitzer Kreisel« und die Auffahrt zur Stadtautobahn dominiert wird, findet sich auf der Dahlem zugewandten Seite des ab 1872 parzellierten Gutsgeländes am Abhang des Fichtenbergs eine beschauliche Mischung aus Villen- und großbürgerlicher Mehrfamilienhausbebauung. Auf dem Fichtenberg befand sich im Mittelalter möglicherweise eine Burganlage.

Das Areal liegt an der alten Reichsstraße 1, deren von Berlin nach Potsdam führendes Teilstück im Jahre 1792 zur gepflasterten Chaussee ausgebaut wurde und die heute als B1 unter verschiedenen Namen Berlin durchquert. Diese Lage war die Voraussetzung für die Entwicklung des zwar bereits am Ende des 12. Jahrhunderts erwähnten, lange Zeit aber unbedeutenden Ritterguts zu einem prosperierenden Vorort der preußischen Kapitale.

Am Bau des Steglitzer Gutshauses waren zwei prominente Architekten des Berliner Frühklassizismus beteiligt. Ab 1799 begann zunächst David Gilly mit der Errichtung des Gebäudes für die Familie von Kramer. Als das Haus bis zum Rohbau gediehen war, kaufte im Jahre 1801 der Geheime Kabinettsrat Carl Friedrich von Beyme, der drei Jahre später auch die Domäne Dahlem erwarb, das Steglitzer Gut. Von Beyme spielte späterhin eine bedeutende Rolle bei der Durchführung der Reformen in der Ära Friedrich Wilhelms III. Änderungs- und reformwillig zeigte er sich auch bei seinem persönlichen Besitz, indem er etwa die Bauern aus der Leibeigenschaft entließ – aber auch darin, das er Gillys Rohbau wieder abreißen und das Gutshaus von Heinrich Gentz (1766–1811) neu planen und aufführen ließ. Möglicherweise geschah dies sogar unter Beteiligung von Gilly. Gentz schuf 1800 das Grabmal von David Gillys Sohn Friedrich (1772–1800).

Gentz hatte sich zuvor unter anderem mit dem Bau des Weimarer Stadtschlosses und der Berliner Münze einen Namen gemacht. Wie bei diesen Bauten entschied er sich auch hier für einen klassizistischen Stil mit palladianischen Motiven. Charakteristische Architekturzitate von Palladio-Bauten, wie etwa der Villa Foscari oder der Villa Pisani, sind die Thermenfenster oder die dorischen Säulenportikus. Neben diesen Gliederungselementen der Mittelrisalite sind die Kaffgesimse und ein geometrisches Putzband zwischen den Geschossen der einzige Bauschmuck. Auf der Westseite ist die den Berlinern als Schlossparktheater wohlvertraute Remise, als deren Zugang ebenfalls ein dorischer Portikus fungiert, direkt an das Gutshaus angefügt. Bis zu Beymes Tod 1819 wurde das Haus meist schlicht Beyme-Schlösschen genannt. Nachdem es 1850 Wohnsitz des Generalfeldmarschalls Friedrichs Graf von Wrangel wurde, erhielt es im Volksmund den Steglitzern noch heute geläufigen Namen Wrangel-Schlösschen. Wrangel war trotz der Niederschlagung der 1848er Revolution, die er persönlich leitete, außerordentlich populär. Nach seinem Tod

Außenansicht von Osten

◀ *Seite 69: Wrangelschlösschen von Westen*

im Jahre 1877 wurde das Haus in vielfältiger Weise, unter anderem als Hotel oder als Offiziersclub genutzt und zu diesem Zweck baulich verändert und teilweise entstellt. 1958 kam es an die Stadt und den Bezirk Steglitz. Von 1992 bis 1995 wurden das Gutshaus mit großem Aufwand restauriert. Nachträgliche Einbauten wurden entfernt, die ursprüngliche Wand-, Boden- und Deckengestaltung wurde wiederhergestellt. Bemerkenswert sind im Inneren vor allem das Vestibül, der Rokokosaal und der im Empirestil rekonstruierte Kuppelsalon. Das Haus wird vom Bezirksamt u.a. für Ausstellungen und Empfänge genutzt.

Vestibül

Rokokosaal

Von dem Landschaftspark, den der Charlottenburger Hofgärtner Georg Steiner in den 1830er Jahren geschaffen hat, sind nur kleine Teile beiderseits des Gutshauses übrig geblieben. Das Schlossparktheater in der Remise wird seit seiner Schließung als staatliche Bühne mit wechselndem Erfolg als Theater oder Musicalbühne betrieben. Auf der Südseite des Hauses befindet sich das Kino »Adria«.

Stuckdetail im Rokokosaal

Kuppelsalon

Blankensee

Herrenhaus (Café, Galerie, Tagungen, Veranstaltungshaus)

Etwa zehn Kilometer südwestlich von Ludwigsfelde befindet sich ein in eine reizvolle Landschaft eingebettetes Idyll. Die seen- und waldreiche Hügellandschaft beiderseits von Nuthe und Nieplitz wurde früher »Thümenscher Winkel« genannt. Die Familie von Thümen gelangte 1446 in den Besitz des Ritterguts. Blankensee war bis 1815 eine kursächsische Enklave auf preußischem Territorium war. Die Blankenseer Gutsherren fungierten als sächsische Kreishauptmänner. Zur Zeit des Soldatenkönigs sollen gelegentlich Rekruten vor dem preußischen Drill nach Blankensee geflüchtet sein. Das Herrenhaus wurde im 18. Jahrhundert – nach unterschiedlichen Quellen (auch der Dehio mag sich nicht entscheiden) entweder 1701 oder 1740 – für Christian Wilhelm von Thümen errichtet. Den schönen, von der Nieplitz durchflossenen Landschaftspark entwarf 1832 tatsächlich Peter Joseph Lenné. Sein heutiges Erscheinungsbild und seine Bekanntheit verdankt das Anwesen jedoch einem späteren Besitzer. 1902 war der hoch verschuldete Viktor von Thümen gezwungen, das Gut zu veräußern. Neuer Eigentümer von Schloss und Park wurde der mit Viktor von Thümen befreundete ostpreußische Schriftsteller Hermann Sudermann (1857–1928). Der heute nur noch wenig bekannte Sudermann war während der Kaiserzeit einer der populärsten Schriftsteller und Bühnenautoren – seine naturalistischen Gesellschaftsdramen (Frau Sorge, Der Katzensteg, Heimat, Das Hohe Lied, Die Ehre u.a.) wurden seinerzeit häufiger aufgeführt als die seines Hauptkonkurrenten Gerhard Hauptmann. Mit seinen melodramatischen Texten kam er beim Publikum allerdings stets besser an als bei der Kritik. Sein starkes »patriotisches« Engagement während des Ersten Weltkrieges trug mit zu seinem späteren Ansehensverlust bei. Sudermann hatte nach einem abgebrochenen Geschichts- und Philosophiestudium über Umwege als Hauslehrer und Journalist zur Schriftstellerei gefunden. Als er das Gut Blankensee erwarb, war er bereits ein angesehener und wohlhabender Mann. Er nutzte sein Vermögen außerdem für eine ausgedehnte Reisetätigkeit, die er mit seinem zweiten Faible verband, dem Sammeln von Kunstgegenständen. Die Trophäen, die er auf seinen Reisen – u.a. nach Italien, Griechenland und Ägypten – erwarb, sind im Schlosspark noch heute zu bewundern. Die teils antiken, teils aus dem Barock stammenden unzähligen Skulpturen und Architekturteile wurden geschickt in den Park und die eigens dafür geschaffenen Bauten integriert. Die Inszenierung der antiken mediterranen Mitbringsel in den romantischen, von der Nieplitz und ihren Nebenarmen durchflossenen Park scheint ein wenig vom Glienicker Schlosspark inspiriert zu sein. Bemerkenswert sind im Park vor allem die Toreinfahrt fränkischer Provenienz, der Monopteros, die Loggia und die begehbare Schauwand im »italienischen Garten«. Sudermann ließ auch das Herrenhaus umgestalten. Er ließ den Barockbau beiderseits von eingeschossigen Seitenflügeln flankieren und stattete die Innenräume mit seiner umfangreichen Kunstsammlung aus. Der weiß gekalkte zweigeschossige Putzbau strahlt schlichte Noblesse aus. Das nahezu einzige Gliederungselement der Hauptfassade ist der Mittelrisalit mit der geschwungenen Freitreppe und dem kleinen Balkon unter dem Thümenschen Wappen. Auf der noch ein-

facher gehaltenen Gartenseite finden sich eine doppelläufige Freitreppe und ein schmaler Altan. Im Inneren sind vor allem die schöne Eingangshalle mit dem Treppenhaus, der darüber liegende Saal und das von Sudermann als Arbeitszimmer genutzte ehemalige Schlafzimmer mit dem Rokoko-Kachelofen bemerkenswert. In diesen Räumen finden sich noch Reste der Sudermannschen Kunstsammlung.

Nach Sudermanns Tod im Jahre 1928 gelangte das Haus in den Besitz einer Stiftung. Nach dem Krieg wurde es bis 1985 als Schule genutzt. Nach der Wende gelangte es in den Besitz der Brandenburgischen Schlösserstiftung, die es ab 1994 aufwendig sanierte und für die Akademie der Wissenschaften – die hier ein Tagungszentrum unterhalten wollte – um einen häss-

Monopteros im Park

◀ *Seite 63: Blick über die Nieplitz zum Herrenhaus*

Herrenhaus mit modernem Anbau

Park mit Loggia

lichen Anbau ergänzte. Seit 2006 wird das Schloss als Tagungs- und Veranstaltungshaus mit Beherbergung und als Sommercafé von einem Trebbiner Hotel genutzt. Während der wundervolle Park ständig für die Öffentlichkeit zugänglich ist, können die Innenräume, in denen auch Ausstellungen stattfinden, jeweils nur an Sonntagen von 13 bis 18 Uhr besichtigt und als Café genutzt werden.

Vestibül

Sudermanns Arbeitszimmer

Boitzenburg

Schloss (Hotel)

Etwa 75 Kilometer nördlich von Berlin befindet sich der größte der in diesem Buch behandelten Bauten. Die Dimensionen des Schlosses, das über einen Innenhof und einen weitläufigen Ehrenhof verfügt und mit einer Längenausdehnung von fast hundert Metern die meisten Hohenzollernschlösser deutlich übertrifft, lassen unzweifelhaft erkennen, dass hier selbstbewusste Bauherren am Werk waren, die über erhebliche Mittel verfügten und dies auch zeigen konnten. Wenn sich das Schloss heute einheitlich im Renaissancestil präsentiert, erkennt der kundige Betrachter doch unschwer, dass wir es hier mit einem gewachsenen Ensemble zu tun haben, das von Generationen von Bauherren immer wieder überformt wurde.

Boitzenburg war von 1528 bis zur Bodenreform der Stammsitz eines Zweigs der Familie von Arnim. Die von Arnim stammten ursprünglich vermutlich aus den Niederlanden (Arnheim?) und waren über die Altmark (Arnim bei Stendal?, Arneburg) in die Mark Brandenburg eingewandert. Dokumente über die Familie finden sich in Brandenburg seit dem späten 14. Jahrhundert. Drei der sieben Söhne Albrechts I. von Arnim begründeten die drei »Hauptstämme« in Zehdenick, Gerswalde und Zichow. Der Zehdenicker Zweig, der bereits im 15. Jahrhundert zeitweise auch über das Gut Boitzenburg verfügte, erhielt dieses endgültig im Jahre 1528 von Kurfürst Joachim als Lehen – im Tausch gegen Schloss Zehdenick.

Bereits 1537 begann der zum »Landvogt auf Lebenszeit« ernannte Hans von Arnim mit dem Bau des ersten Traktes des heute noch bestehenden Schlosses. Dieser Ursprungsbau – heute Altschloss genannt – bildet den westlichen Abschluss des Ensembles. Dieses ehemalige sogenannte Feste Haus war damals wie heute ein rechteckiger dreigeschossiger Bau mit einem steilen Satteldach, aus dem beiderseits drei Zwerchhäuser herausragen. Details wie die »Vorhangbogenfenster« zeigen sächsische Einflüsse. Wohl noch zu Lebzeiten Hans von Arnims wurde das Altschloss durch den »Verbindungsbau« nach Westen zu einer Zweiflügelanlage ausgebaut. Hans vererbte das Haus 1552 an seine Söhne Curt und Bernd. Um 1590 wurde mit der Errichtung des »Neuschlosses« begonnen, das den Haupttrakt der heutigen Anlage bildet. Dieser war ursprünglich nur zweigeschossig und besaß neben dem damals noch niedrigeren und im Querschnitt runden Seigerturm eine Durchfahrt. Das Aussehen des Renaissance-Zustandes ist durch einen Merian-Stich aus dem Jahre 1652 dokumentiert. Im Inneren ist mit dem prachtvollen, mit vollplastischem Stuck ausgestatteten Jagdzimmer ein Saal aus der Entstehungszeit erhalten geblieben.

Neorenaissancegiebel

◀ *Seite 67: Gesamtansicht von Osten*

Im 17. Jahrhundert wechselte Boitzenburg nach dem Aussterben eines Familienzweiges mehrmals den Besitzer. 1712 erwarb es Georg Dietloff von Arnim, dessen Standbild sich hinter seinem Sarkophag in der Boitzenburger Kirche »St. Marien auf dem Berge« befindet. In die Epoche Georg Dietloffs – der bei Friedrich dem Großen unter anderem als Dirigierender Minister und Generalpostmeister im Generaldirektorium fungierte, datiert die Errichtung der beiden letzten Gebäudeflügel. Durch den 1747 errichteten sogenannten Kinderflügel entstand der Obere Hof, und der 1749 entstandene Bibliotheksflügel bildet die östliche Begrenzung des Unteren (Ehren-)Hofs. Die neuen Trakte wurden mit relativ schlichten Barockfassaden ausgestattet. Ab 1827 ließ Georg Dietloffs Urenkel Adolf-Heinrich von Arnim durch Peter Joseph Lenné auf der Schlossinsel und um die Seen herum einen Landschaftspark gestalten. Adolf Heinrich avancierte 1842 zum preußischen Innenminister. Von 1840 bis 1842 wurden das Neuschloss und der Bibliotheksflügel durch Friedrich August Stüler durchgreifend im englischen Burgenstil umgebaut. Das Gebäude wurde um ein Geschoss erhöht und kulminierte in einem zinnenbekränzten Flachdach. Der Seigerturm erhielt seine heutige Form und Höhe. Der Bibliothekssaal wurde gleichfalls im neogotischen Stil umgestaltet und besitzt seither ein Sterngewölbe.

Blick vom Kirchturm zum Schloss

Die Stülersche Neugestaltung hatte nur vierzig Jahre Bestand. Seit 1882 versetzte der Berliner Architekt Carl Doflein (1856–1943) Schloss Boitzenburg in den Zustand, in dem wir es heute noch oder wieder bewundern dürfen. Ziel dieser Arbeiten war es, die später entstandenen Trakte stilistisch dem Altschloss anzupassen. Damit wurde zwar eine purifizierende Vereinheitlichung erreicht, jedoch entsprach der Neorenaissancestil dem Geschmack der Gründerjahre. Dem Alt- und dem Neuschloss wurden jeweils neue Treppentürme angefügt, der Seigerturm erhielt einen spitzen Helm, an die Stelle der Flachdächer traten steile Satteldächer, aus denen übergiebelte Zwerchhäuser hervortreten, und die Fassaden wurden durch Vorhangbogenfenster, Erker, Altane und Balkone gegliedert. Am Seigerturm wurde ein neues Prunkportal im gründerzeitlichen Renaissancestil eingefügt. Am Interieur änderte Doflein wenig. Der Festsaal im ersten Obergeschoss des Neuschlosses behielt seine barocke Gestaltung – auf seiner Westseite wurde um die Jahrhundertwende das vertäfelte »Norwegerzimmer« im Jugendstil eingerichtet.

Der letzte Eigentümer des Anwesens – Joachim Dietlof von Arnim – flüchtete 1945 mit seiner Familie vor der heranrückenden Roten Armee. Die Arnims wurden 1945 enteignet. Nach dem Krieg wurde das Gebäude zunächst als Flüchtlingshaus genutzt, 1949

Blick vom »Norwegerzimmer« zum Festsaal

der Volkspolizei und 1955 schließlich der NVA übertragen, die es bis zur Wiedervereinigung als Erholungsheim nutzte. Das Inventar wurde größtenteils geplündert. Die 10000 Bände umfassende Bibliothek wurde in die Sowjetunion verbracht, wo sich ihre Spuren verloren. Der Dachstuhl des Neuschlosses brannte 1949 aus und wurde vereinfacht wiederhergestellt. Im Inneren wurden rücksichtslos Zwischenwände und Decken eingezogen und die originalen Raumgestaltungen fast überall zerstört. Die einzig nennenswerte Modernisierungsmaßnahme auf der für der Bevölkerung unzugänglichen Schlossinsel war die 1986 erfolgte

Stuckdetail im »Jagdzimmer«

Errichtung eines zweigeschossigen Plattenbaus auf der Südseite des Ehrenhofs, der leider bis heute den Sichtbezug zwischen Schloss und Landschaftspark stört. Bis zum Ende der neunziger Jahre bot das Schloss einen traurigen Anblick. 1998 wurde das Ensemble von der Treuhand an einen Hamburger Investor veräußert, der es bis 2004 weitgehend restaurieren und als Familienhotel mit 70 Zimmern, einem großen Restaurant und Veranstaltungsräumen ausbauen ließ. Der Festsaal und die Bibliothek sind zunächst in vereinfachter Form wiederhergestellt worden. Der Außenbau erhielt einen weißen Putz mit hellgrau abgesetzten plastischen Verzierungen. Der Seigerturm erhielt seinen spitzen Helm nicht zurück.

Unter den im Ort und im Park erhaltenen Bauten sind vor allem der Carl Gotthans Langhans errichtete Marstall, die von Martin Gropius entworfene Gedenkkapelle und der von August Stüler erneuerte Apollotempel zu erwähnen. Auch die im Kern romanische und im 17. und 18. Jahrhundert barockisierte Kirche »St. Marien auf dem Berg« unterstand dem Patronat des Schlossherrn.

Der Eindruck, den der Riesenbau in seinem frischen Gewand hervorruft, ist kaum anders als überwältigend zu bezeichnen. Die Ehrfurcht der Familienmitglieder vor dem Schloss, die Dankwart Graf von Arnim 1991 in seinen Erinnerungen schilderte, lässt sich heute wieder nachvollziehen.

Cottbus-Branitz

Schloss (Museum)

Unter den zahlreichen sentimentalen »englischen« Landschaftsparks auf dem Gebiet des heutigen Landes Brandenburg gibt es wohl keinen, dessen Bekanntheit das Schloss, zu dem er gehört, so sehr überstrahlt, wie Branitz. Das ist insofern erstaunlich, als Schloss Branitz durchaus zu den bedeutenderen Bauten zählt. Die Prominenz dieser Parkanlage ist nicht nur auf seine herausragende landschaftsgärtnerische Qualität zurückzuführen, sondern ganz maßgeblich auch auf die Person seines Schöpfers. Fürst Hermann von Pückler-Muskau war ohne Zweifel die faszinierendste, aber auch zwiespältigste Figur unter den Gutsherren des 19. Jahrhunderts.

Das heute zu Cottbus gehörende Rittergut Branitz wechselte im 15. und 16. Jahrhundert in kurzer Folge die Besitzer. Die bekannteste unter den fünf Familien, die hier zeitweise residierten, waren die von Köckritz, die in der Lausitz über umfangreichen Landbesitz verfügten. 1696 gelangte es in den Besitz des Reichsgrafen August Sylvius von Pückler. Bis zur Bodenreform blieb Branitz ununterbrochen Eigentum der aus Schlesien stammenden Familie Pückler. Das Branitzer Schloss wurde 1772 für August Heinrich Graf von Pückler errichtet. Der zweigeschossige Dreiflügelbau mit Mansarddach befindet sich äußerlich noch im ursprünglichen Zustand. Stilistisch ist der zurückhaltend verzierte Putzbau dem Louis Seize oder Zopfstil zuzuordnen. Das Leitmotiv dieser Epoche, die Girlande, findet sich auf den Mittelrisaliten sowohl der Hof- als auch der Gartenseite. Das Gebäudeinnere wurde 1846–52 von Gottfried Semper durchgreifend umgestaltet. Einzig das Grüne Musikzimmer befindet sich noch im spätbarocken Zustand. Semper lieferte auch die Entwürfe für die Wirtschaftsgebäude und die Schmiede.

Hermann Fürst (seit 1822) von Pückler-Muskau wurde 1785 im väterlichen Schloss in Muskau geboren. Im Jahre 1811 erbte er die Güter in Branitz und Muskau, die durch den Wiener Kongress preußisch wurden. 1817 heiratete er Lucie von Hardenberg, die Tochter des Staatskanzlers Karl August von Hardenberg. Nachdem er sich in den napoleonischen Kriegen auf preußischer Seite militärische Meriten erworben hatte, begann er ab 1815 mit der Umgestaltung des riesigen Muskauer Gutsgeländes zu einem englischen Landschaftspark. Das Wort englisch kann bei Pückler wörtlich genommen werden: Auf seinen Englandreisen – erstmals 1812 und später in den 1820er Jahren – hatte er ausgiebig Gelegenheit, die dortigen Parkanlagen zu studieren. Obschon er zu den wohlhabendsten preußischen Großgrundbesitzern zählte, führten ihn seine beispiellos aufwendigen Gartenbauaktivitäten und die ausgedehnte Reisetätigkeit in exotische Länder an den Rand des Ruins. 1845 sah er sich gezwungen, sein Stammgut Muskau zu veräußern und seinen Lebensmittelpunkt nach Branitz zu verlagern. Dort befanden sich Herrenhaus und Gut nach jahrzehntelanger Vernachlässigung in denkbar heruntergekommenem Zustand, und anstelle einer Parkanlage erstreckte sich westlich der Gebäude ein dünner Kiefernwald auf unfruchtbarem Sandboden. Diesen lichtete er aus, kaufte Bauern ihre angrenzenden Grundstücke ab und begann wie zuvor in Muskau gewaltige Mengen an Mutterboden herbeizuschaffen,

hob Gräben und Senken für Wasserläufe und Seen aus und modellierte das etwa fünfzig Hektar große Terrain nach seinen Vorstellungen. Seine Vorgehensweise war auch deshalb so kostenintensiv, weil er möglichst ausgewachsene Bäume über weite Strecken heranschaffen und anpflanzen ließ. Der Park ist grob in drei Bereiche gegliedert: die offenen »Schmiedewiesen« im nordöstlichen Eingangsbereich, den Pleasureground südwestlich des Herrenhauses und den sich anschließenden eigentlichen Park, der allseits in die Landschaft übergeht. Gestalterischer Höhepunkt ist der Pyramidensee mit der Seepyramide, in der sich die Grabstätten des 1871 verstorbenen Fürsten und seiner Lucie befinden. Nach dem Tod des kinderlos verstorbenen Fürsten wurde der Park im Auftrag seins Cousins Heinrich Graf von Pückler auf eine Fläche von ca. hundert Hektar erweitert. 1918 gelangte das Areal, dessen Unterhalt die Familie finanziell überforderte, unter die Verwaltung der Stadt Cottbus. Nach der Enteignung

Oben: Parkseite des Schlosses

Unten: Park mit Schloss

◀ *Seite 73: Schlosssee und Schloss*

der Pücklers wurde das Schloss 1945 »Städtisches Museum« und 1961 »Bezirksmuseum Cottbus Schloss Branitz«. Seit den sechziger Jahren wurden immer wieder Sanierungs- und Rekonstruktionsarbeiten an Herrenhaus und Park vorgenommen. Nach der Wende wurde die Gesamtanlage nochmals grundlegend saniert. 1995 wurde die »Kommunale Stiftung Fürst-Pückler-Museum Park und Schloss Branitz« gegründet. Der zu Pücklers Zeiten bereits öffentlich zugängliche Park zeigt heute wieder weitgehende Übereinstimmung mit dem auf Photos des 19. Jahrhunderts dokumentierten Zustand. Auch das Innere des Herrenhauses ist denkmalgerecht saniert und präsentiert sich mit authentischen Raumgestaltungen und zeitgenössischer Möblierung. Bemerkenswert sind vor allem Pücklers Bibliothek, der Musiksaal und die orientalischen Zimmer. Im restaurierten Gutshof gibt es seit 2006 die ständige Ausstellung »Fürst Pücklers Welt – Lebenskunst und Landschaftskunst« sowie wechselnde Sonderausstellungen.

Oben: Blick zum Pyramidensee

Unten: Gedenkstein auf einer Insel im Pyramidensee

Speiseraum

Bibliothek

Musikzimmer

Demerthin

Schloss (Museum)

Schloss Demerthin ist eines der wenigen größeren märkischen Renaissanceschlösser, die sich heute noch weitgehend im ursprünglichen Zustand präsentieren. Die Geschichte des Prignitzer Gutes ist auch historisch von Kontinuität geprägt. Von 1468 bis zur Bodenreform befand sich das Dorf durchgehend im Besitz der Familie von Klitzing. Der nahezu unverändert erhaltene Bau entstand zwischen 1586 und 1604. Bauherrin war Katharina von Oppen, die Witwe des Andreas von Klitzing. Der erfolgreiche Geschäftsmann hatte ihr ein Vermögen hinterlassen. Trotz des äußerlich homogenen Erscheinungsbildes finden sich jedoch auch im Demerthiner Schloss noch Teile eines Vorgängerbaus. Zwei sterngewölbte Räume im Erdgeschoss stammen aus spätgotischer Zeit. Schloss Demerthin ist ein relativ später Vertreter des so genannten »Festen Hauses«. Dieser schlichte, Verteidigungs- und repräsentative Funktionen in sich vereinende Gebäudetypus war in der Renaissance in der Mark Brandenburg weit verbreitet. In Demerthin überwog die repräsentative Funktion. Trotz der relativ schmucklosen Fassaden ist der Bau aufgrund seiner architektonischen Struktur außerordentlich wirkungsvoll. Zwei Gliederungselemente sind es, die ihn aus dieser Gruppe herausheben. Die schlichte Grundform des eigentlich zweigeschossigen rechteckigen Gebäudes dringt durch die komplizierte Struktur der sich durchdringenden Dächer kaum ins Bewusstsein. Aus dem in Nord-Süd-Richtung verlaufenden steilen Satteldach ragen beiderseits jeweils zweigeschossige Zwerchhäuser heraus, die sich in Gegenrichtung symmetrisch fortsetzen und eine Wirkung erzeugen, die jener von Renaissanceschlössern Schleswig-Holsteins, der sogenannten Mehrfachhäuser, ähnelt. Ein weiteres markantes Gliederungselement ist der hexagonale Treppenturm auf der Ostseite. Eine ähnliche, wenn auch schlichtere Disposition hat auch das etwa zeitgleich entstandene Schloss in Königs Wusterhausen. Der Treppenturm besitzt im Gegensatz zu den – abgesehen von den Eckquaderungen und den Kranzgesimsen – weitgehend ungegliederten Fassaden den einzig bemerkenswerten Bauschmuck des Demerthiner Schlosses. Das reich verzierte, polychrom gefasste Sitznischenportal mit figürlichem Schmuck und dem Allianzwappen über der Gesimsplatte ist eine der bemerkenswertesten derartigen Schöpfungen der märkischen Renaissance. Wenn sich der Ursprungszustand eines Repräsentationsbaues kaum verändert über fünf Jahrhunderte erhält, ist das häufig weniger ein Indiz für starkes Traditionsbewusstsein als vielmehr für den Niedergang

der Besitzer. So verhielt es sich auch mit den von Klitzing. Seit dem Tod des hochverschuldeten Kaspar von Klitzing im Jahre 1638 war die Geschichte des Guts von Erbteilungen und -Streitereien, Verpachtungen und Verpfändungen geprägt. Die einzige bemerkenswerte spätere Hinzufügung ist der barocke Turmaufsatz aus dem Jahre 1748. Im 19. Jahrhundert erlebte das Gut unter Kaspar Ludwig von Klitzing – der auch den nur noch rudimentär erhaltenen Landschaftspark anlegen ließ – einen Aufschwung. Nach dem Zweiten Weltkrieg wurde das Schloss von der Roten Armee genutzt. Seit 1993 gehört das Gebäude der Gemeinde, die bis 2004 zunächst die Fassaden aufwendig restaurieren ließ. Nach Abschluss der Innensanierung soll hier ein Heimatmuseum eingerichtet werden, das in provisorischer Form bereits existiert.

Ansicht des Schlosses von Norden

◀ *Seite 79: Parkseite des Schlosses*

Schlossportal

Diedersdorf

Herrenhaus (Hotel, Gastronomie)

Am Rande des kleinen, heute zur Gemeinde Großbeeren gehörenden Dorfes befindet sich ein Ensemble, das in mancher Hinsicht den Klischeevorstellungen von einem preußischen Landgut entspricht. Das Kernstück der Anlage wird von den Dorfbewohnern selbstverständlich als Schloss tituliert und von seinen heutigen Betreibern auch so vermarktet. Gleichwohl fällt das schlichte Gebäude sowohl architektonisch als auch funktional eindeutig in die Rubrik Guts- oder Herrenhaus. Einflügelige Bauten vergleichbaren Zuschnitts bilden in der Mark – siehe auch Blankensee, Straupitz, Großziethen, Blossin oder Ihlow – das Gros der ländlichen Repräsentationsbauten des 18. Jahrhunderts.

Das Diedersdorfer Herrenhaus wurde 1798 bis 1800 für den Hauptmann Ernst Friedrich Wilhelm von Bandemer errichtet. Dessen Vater Bogislav hatte das Gut, das zu diesem Zeitpunkt schon viele Besitzerwechsel hinter sich hatte, im Jahre 1774 erworben. Die von Bandemers waren ursprünglich in Pommern beheimatet. Der Neubau erfolgte unter teilweiser Einbeziehung eines Vorgängerbaus, von dem sich die Kellergewölbe erhalten haben. 1840 erbte Caroline Henriette von Bandemer das Anwesen. Sie verfügte testamentarisch, dass das Gut nach ihrem Tod in eine Stiftung für unverheiratete Offizierstöchter umgewandelt werden sollte. Daraus wurde jedoch nichts. Acht Jahre später – im Jahre 1901 – erwarb die Stadt Berlin die Liegenschaft und verpachtete sie bis zum Ende des zweiten Weltkrieges an wechselnde Nutzer. 1949 wurde das Diedersdorfer Gut zum VEG (»Volkseigenes Gut Großbeeren«). Die für das kleine Herrenhaus fast überdimensioniert wirkenden landwirtschaftlichen Funktionsgebäude um den weiten Wirtschaftshof begünstigten diese Nutzung, kommen aber auch dem heutigen Eigentümer zupass. Der Berliner Investor, der das Areal unmittelbar nach der Wiedervereinigung von der Treuhand erwarb, tat dies in der Absicht, es im großen Stil für Hotellerie, Gastronomie und unterschiedliche Freizeitaktivitäten zu nutzen. Mit einem Reiterhof, einem Biergarten, einer »Königlichen Hofbäckerei«, einer Schnapsbrennerei, einem Standesamt, einem Weinkeller, einem Kinderzoo u.v.a. sowie einem Veranstaltungsprogramm, dass von Volksmusik bis zu klassischer Musik reicht, sollen möglichst alle Zielgruppen bedient werden. Der bauliche Aufwand war exorbitant. Den Schlusspunkt der langjährigen Arbeiten bildete die Sanierung des 2001 der Öffentlichkeit übergebenen Herrenhauses. Der zweigeschossige, mit einem Krüppelwalmdach gedeckte Bau präsentiert sich seitdem wieder weitgehend im historischen Zustand. Die Fassadengliederung mit den rustizierten Pilastern und den im 19. Jahrhundert ergänzten Stuckmedaillons und Friesen sowie dem Terrakottaengel über dem Portal wurde restauriert und die Gauben des ausgebauten Dachgeschosses auf der Gartenseite stilistisch passend verbreitert. Im Inneren konnte die schöne Barocktreppe restauriert werden, die Bankettträume und die Bibliothek erhielten harmonisch mit der Architektur korrespondierende Wandvertäfelungen, Parkette, Stuckdecken und Kamine.

Schloss von der Gartenseite ▶

Fürstlich Drehna

Schloss (Hotel)

Viele der in diesem Buch behandelten Herrenhäuser sind ursprünglich Wasserburgen gewesen – die meisten von ihnen haben ihren Graben jedoch am Ende des Mittelalters oder spätestens nach dem Dreißigjährigen Krieg verloren. Wo dies nicht der Fall war, resultierte das zumeist aus einem Bedeutungsverlust in nachmittelalterlicher Zeit. Eine eindrucksvolle Ausnahme von dieser Regel findet man in der Niederlausitz. Zum einen erhielt die stattliche Anlage ihren Wassergraben erst im 16. Jahrhundert – wir haben es hier folglich mit einem Wasser-Schloss zu tun –, zum anderen war das Haus über lange Zeit von einflussreichen Familien bewohnt, die stets ihre baulichen Spuren hinterließen.

Die Ursprünge des Ortes, der heute zu Luckau gehört, liegen ebenso im Dunkel wie die Herkunft seines Namens. Eine mögliche früheste Erwähnung aus dem Jahre 1301 ist umstritten. Erst aus den Jahren 1447 und 1449 gibt es eindeutige Dokumente, die »Drenaw« als Eigentum der Brüder von Drauschwitz ausweisen. Diese ließen sich auf der Grundfläche des heutigen Schlosses zwei vermutlich unverbundene kubische Wohntürme errichten, die in die späteren Um- und Anbauten integriert wurden. 1489 gelangte Drehna in den Besitz der Familie von Maltitz, bevor es von 1521 bis 1697 zum Sitz derer von Minkwitz wurde. Die Maltitz fügten dem östlichen der Wohntürme den sogenannten Kapellenflügel an und fusionierten die separaten Gebäudeteile mit einer Wehrmauer zu einer geschlossenen Burganlage. Zugleich legten sie damit im Wesentlichen die Außenabmessungen des Baus für die kommenden Jahrhunderte fest. Unter den Minkwitz erfolgte die schrittweise Umgestaltung zu einem vierflügeligen Renaissanceschloss. Zunächst wurde der Ostflügel auf zwei Geschosse aufgestockt. In der Folge entstanden dann der gleichfalls zweigeschossige Nordflügel mit den übergiebelten Anbauten, der West- und der Südflügel sowie einer der beiden Ecktürme. Stilistisch steht der Bau zwischen den Epochen. Während man am Ostflügel noch spätgotische Giebel findet, zeigen die später entstandenen Abschnitte bereits Renaissanceformen. Diese Tendenz spiegelt sich auch im Inneren wieder, das teils noch spätgotische Wölbungen, teils bereits modernere Balkendecken aufweist.

Da die Minkwitz bereits am Ende des Dreißigjährigen Krieges in finanzieller Bedrängnis waren und auch die bauliche Substanz des Hauses zusehends litt, sah sich Kaspar Ehrentreich von Minkwitz gezwungen, Schloss und Gut 1697 an Balthasar Erdmann von Promnitz zu verkaufen. Die Promnitz, die am sächsischen Hof hohe Ämter bekleideten, entfalteten in der Folge eine rege Bautätigkeit. Die dem Park zugewandte Westfassade wurde vollkommen neu gestaltet. Der wuchtige Rundturm erhielt eine barocke Fenstergliederung und einen spitzen Kegelhelm. Am anderen Ende des zehnachsigen Barockflügels wurde im Sinne der Symmetrie ein korrespondierender Turm errichtet. Der Bau erinnert so wohl nicht unbeabsichtigt an Schloss Moritzburg.

1793 verkaufte die Familie Promnitz Schloss Drehna an den Grafen Moritz Ludwig Ernst zu Lynar. Als dieser 1806 – ein Jahr vor seinem Tod – von Kaiser Franz I. zum Fürsten erhoben wurde, erhielt Drehna seinen ungewöhnlichen Namensvorsatz, den es nach dem Zweiten Weltkrieg vorübergehend wieder einbüßte. Während die

Schlossteich

◀ *Seite 85: Schloss von Südwesten*

Lynar am Interieur des Schlosses nach Gutdünken Veränderungen vornahmen, blieb das Äußere weitgehend unverändert. Umgestaltet wurde hingegen das Umfeld. Fürst Otto Mandrup Heinrich zu Lynar ließ 1819 wohl unter Beteiligung von Peter Joseph Lenné einen der weiträumigsten preußischen Landschaftsparks anlegen. Die Lynar veräußerten das Gut 1877 an die Bremer Reederfamilie Wätjen, die es ihrerseits an die Familie von Wallenberg-Pachaly weiterverkaufte, die dort bis 1945 lebte. Nach dem Krieg wurde das Haus als Jugendheim genutzt, was seiner Substanz nicht gut tat. Ein großer Teil des Parks fiel dem Braunkohleabbau zum Opfer. 1993 wurden Schloss und Park Eigentum der Brandenburgischen Schlösser GmbH, welche

Schloss von Nordosten

die Liegenschaft in vierzehnjähriger Arbeit gründlich sanierte. Das Schloss wurde denkmalgerecht restauriert, und es konnten sogar große Teile des abgebaggerten Parkgeländes renaturiert und rekonstruiert werden. Am Ufer fand ein gusseiserner Pavillon aus dem ehemaligen Gutspark Saßleben Aufstellung. Unter den erhaltenen Gutsgebäuden befindet sich südlich des Schlosses auch das Gasthaus »Zum Hirschen« aus dem 18. Jahrhundert. Im Inneren des Schlosses konnten nach den Entstellungen der DDR-Jahre viele Details wiederhergestellt werden. Sehenswert sind vor allem die zellengewölbte ehemalige Kapelle, der »Goldene Saal« im Südwestturm und einige Stuckdecken im Obergeschoss. Am 20. Oktober 2007 wurde im Schloss ein Hotel eröffnet.

Genshagen

Schloss (Stiftung)

Seit 2003 taucht ein bis dato nur Ortskundigen geläufiger Name mit gewisser Regelmäßigkeit in den Nachrichtensendungen auf. Das Herrenhaus des verschlafenen Dorfes Genshagen unweit des Berliner Südrings wurde seit seiner umfassenden Sanierung gelegentlich zum Schauplatz nationaler und internationaler politischer Tagungen. Das inspirierende Ambiente sowie die abgeschiedene und zugleich gut erreichbare Lage haben den Bau für seine heutige Funktion geradezu prädestiniert.

Das im Jahre 1378 erstmals erwähnte Dorf hat im Laufe seiner Geschichte viele Male den Besitzer gewechselt. Seit 1780 gehörte es zum Gut derer von Hake aus Kleinmachnow. Im Jahre 1848 verkauften diese es an den Königlich-Preußischen Geheimen Justizrat und Landesgerichtsrat Karl Ferdinand Schulz. Dem 1787 in Lietzen geborenen Schulz gehörten neben Genshagen noch sechs weitere Landgüter, darunter Heinersdorf, Petershagen und Podelzig. Er übergab Genshagen sechs Jahre später seiner Tochter Friederike Pauline von Eberstein als Mitgift. Das Ehepaar von Eberstein ließ in der Folge zunächst den wundervollen weitläufigen Landschaftspark innerhalb der Umfriedungsmauer anlegen. In den Jahren 1878 bis 1880 wurde das den Repräsentationsbedürfnissen der Kaiserzeit nicht mehr genügende barocke Gutshaus abgerissen und durch einen zunächst eingeschossigen prunkvolleren Neubau im Gründerzeitstil ersetzt. Dieser wurde bereits 1910 bis 1914 umfassend verändert und dabei u.a. um ein zweites Geschoss erweitert.

Der letzte Hausherr vor dem Krieg war Leberecht von Eberstein. Die Familie von Eberstein flüchtete kurz vor dem Anrücken der Roten Armee und siedelte nach Schleswig-Holstein über. Sie wurde im Rahmen der Bodenreform enteignet. Danach diente das Objekt zunächst als Verwaltungsschule für Land- und Forstwirtschaft der DDR und 1973–91 als Wissenschaftlich-Technisches Zentrum für Landwirtschaft des Bezirkes Potsdam.

Nach der Wiedervereinigung wurde das Schloss zunächst von der »Landesakademie für Struktur und Arbeit« im Auftrag des Sozialministeriums genutzt. Seit 1993 ist hier das Berlin-Brandenburgische Institut für Deutsch-Französische Zusammenarbeit in Europa e.V. untergebracht, dass seit 2005 als »Stiftung Genshagen« firmiert. Hauptaufgabe der Stiftung ist es, die Nachkriegstradition der (west-)deutsch-französischen Verständigung nach der Wiedervereinigung Deutschlands auf Ostdeutschland und Osteuropa auszuweiten. Die Satzung spricht von der »Förderung der Völkerverständigung und des Dialogs in Politik, Wirtschaft, Wissenschaft und Kultur, um die deutsch-französische Zusammenarbeit in Europa insbesondere auch mit den östlichen Nachbarn zu vertiefen«. Zu diesem Zweck finden hier eine Vielzahl von Begegnungen, Tagungen und Seminaren statt, aber auch gelegentlich Konzerte, Lesungen und andere kulturelle Veranstaltungen, bei denen sich das sonst nicht öffentlich zugängliche Gebäude mit vorheriger Ankündigung den Bürgern öffnet.

In den Jahren 2000 bis 2004 wurde das Schloss umfassend saniert und modernisiert. Ungeachtet seiner komplizierten Baugeschichte präsentiert es sich heute äußerlich in großer Einheitlichkeit. Während jedoch die

Fassaden des dreiflügeligen, zur Gartenseite hin einen angedeuteten Ehrenhof bildenden, von einem schlanken Türmchen bekrönten Baus einen repräsentativen schweren Neobarockstil zeigen, dominiert im Inneren Renaissancedekor mit Jugendstilanklängen. Sowohl der Haupt- als auch die Seitenflügel werden durch Mittelrisalite und Altane gegliedert, die teils in Dreieck- und teils in Rundbögen kulminieren. Das Sockelgeschoss des weiß verputzten, vollplastisch stuckierten Baus wird durch eine natursteinfarbene, gleichfalls stuckgefertigte Scheinquaderung gegliedert. Das ausgebaute Mansarddach wird durch geschosshohe Gauben belichtet.

Vielleicht noch stärker als an den Fassaden zeigt sich der Wohlstand und der Repräsentationswille der vormaligen Eigentümer Im Gebäudeinneren, in dem heute neben den Büros und Tagungsräumen auch 21 Gästezimmer untergebracht sind. Die Ge-

Treppenhaus

staltung mit von Raum zu Raum wechselnden Kassettendecken, marmorierten Wandflächen, kunstvollen Fließen- oder Parkettböden, farbig gefasstem, teils bemaltem Stuck, Sandsteinkaminen, aufwendig geschnitzten Türen, Wandverkleidungen u.a. ist vergleichbar der Pracht im Palais Pannwitz, im Herrenhaus Correns oder im Schloss Hubertushöhe. Wenngleich das Haus heute naturgemäß nicht als »Schloss« eingerichtet ist, wurde die modern-funktionalistische Einrichtung unter strengen denkmalschützerischen Auflagen vorgenommen. Das Interieur zeigt die bei behördlichen Nutzungen – siehe auch Plessow oder Berlin-Marienfelde – übliche Diskrepanz zwischen der erhaltenen Wand- und Deckengestaltung und den zwischen funktionalistisch und minimalistisch changierenden, wohl als bewusster »Kontrapunkt« gedachten modernen Hinzufügungen. All diese Ergänzungen – die zwischen den Büros eingefügten Glaswände, die abgehängten Lichtleisten, die Stellwände, abstrakten Gemälde und Büromöbel – sind jedoch, auch wenn sie den originären Raum teilweise deutlich verunklären, reversibel und verursachen keine Eingriffe in die perfekt restaurierte Architektur. Anders als das »Schloss«, das seine Pforten nur zu außergewöhnlichen Anlässen öffnet, ist der siebeneinhalb Hektar große Landschaftspark für die Öffentlichkeit zugänglich. Der gepflegte Park, an dessen südlichem Ende sich auch ein kleiner See befindet, hat das Attribut romantisch mehr als verdient. Man trifft dort selten mehr als drei Menschen. Im Herbst 2007 wurde im Nordosten des Parks ein neues Gästehaus (»Brigitte-Sauzay-Haus«) fertig gestellt. Genshagen verfügt über eine eigene Abfahrt vom Berliner Südring, ist also bequem erreichbar.

Kaminzimmer

◀ *Seite 89: Schloss von Südwesten*

Park mit Schloss

Groß Ziethen

Schloss (Privathotel)

Wer annimmt, das bei Kremmen im reizvollen Havelland gelegene Schloss stamme aus dem Besitz des berühmten preußischen Husarengenerals Hans Joachim von Zieten (»Zieten aus dem Busch«), liegt leider falsch. Zwar besaß auch dieser ein noch existierendes Landgut nebst Herrenhaus in Wustrau am Ruppiner See, das Herrenhaus in Groß Ziethen gehörte jedoch bis zum Zweiten Weltkrieg den Nachfahren eines anderen bekannten preußischen Generals, der Familie von Bülow. Der vielleicht berühmteste Spross dieser Familie, die bis in unsere Tage etliche bekannte Persönlichkeiten hervorgebracht hat, war wohl Friedrich Wilhelm Graf (seit 1814) Bülow von Dennewitz, der bei den siegreichen Schlachten von Großbeeren (23. August 1813) und Dennewitz (6. September 1813) gegen die napoleonischen Truppen Ruhm und Ehre erwarb.

Das unweit des Autobahndreiecks Havelland bei Kremmen gelegene und daher von Berlin aus schnell erreichbare Landgut kann auf eine lange Geschichte zurückblicken. Im 14. Jahrhundert errichteten hier die Bredows ein Festes Haus, dessen Tonnengewölbe sich erhalten hat. Nach dem Dreißigjährigen Krieg gelangte das Gut per Schenkung durch den Großen Kurfürsten mitsamt dem weitgehend zerstörten mittelalterlichen Bau in den Besitz derer von der Lütke. Diese ließen im 18. Jahrhundert in zwei Etappen den schlichten einflügeligen Barockbau errichteten, dessen elf Achsen den Mitteltrakt des bestehenden Schlosses bilden. Nach 1776 wechselten sich verschiedene Besitzer ab. Von 1798 bis zu seinem Tod im Jahre 1819 gehörte das Anwesen dem Generalfeldmarschall Gerhard Leberecht von Blücher. Nachdem es 1879 von Ottonie von Massow geb. von Bülow erworben worden war, blieb es bis zum Ende des Zweiten Weltkrieges in den Händen der Familie von Bülow. 1898 ließ Ottonie von Massow das Haus um zwei den Barockbau beiderseits flankierende dreigeschossige Anbauten im Neoklassizismus zu der heute bestehenden Anlage erweitern. Der westliche dieser Anbauten fluchtet auf der Straßenseite etwas aus der Fassade heraus und kulminiert in einer flachen Kuppel. Auf der Gartenseite wurde ein Wintergarten angefügt, dessen Dach als Altan fungiert. Im Inneren wurden die Zimmerfolge und die Raumausstattungen teilweise verändert, und im Westflügel eine weitere Treppe eingebaut.

Da die Bülows – wie fast alle Adligen – im Rahmen der Bodenreform vor 1949 enteignet wurden, war eine Restitution ihres Besitzes durch den Einigungsvertrag ausgeschlossen. Wie manch andere entschlossen sie sich trotzdem, an ihre familiären Wurzeln anzuknüpfen, und gelangten per Pachtvertrag wieder an das Gebäude und den dazu gehörenden Landschaftspark. Beide befanden sich im Jahre 1994 in desaströsem Zustand. Edith Freifrau von Thüngen geb. von Bülow und ihre Familie sanierten Gebäude und Grundstück in dreijähriger Arbeit mit großem Aufwand und fügten behutsam Ergänzungen für den Ausbau zu einem modernen Schloss ein. Die erhaltenen oder rekonstruierbaren baulichen Details wurden soweit als möglich wieder hergestellt und die Farbgestaltungen dem ursprünglichen Zustand nachempfunden. Durch den Ausbau des Dachstuhls konnten insgesamt dreißig geschmackvolle Gästezimmer der gehobenen Kategorie

Vestibül mit Treppenhaus

◀ *Seite 93: Schloss von Südosten*

gewonnen werden. Indem die Hausherrin den Bau mit antiken Möbeln, Porzellan, Ahnenportraits und anderen Antiquitäten aus ihrem Familienbesitz ausstattete, schuf sie ein authentisches Ambiente, in dem sich die Besucher mehr als in vielen anderen Schlosshotels tatsächlich wie in einem Schloss fühlen können.

Das Innere kann mit einer ganzen Reihe prachtvoller Räume aufwarten. Angelpunkt des Gebäudes ist das mit dem Vestibül verbundene großartige Treppenhaus, das zugleich als Durchgang zu den Räumen auf der Gartenseite dient. Die Treppe besitzt nicht nur eine schöne geschnitzte Brüstung, sie verfügt auch über eine teils doppelläufige, teils freitragende Konstruktion, wie man sie auch im benachbarten Schwante, in Berlin-Köpenick oder Lübbenau findet. Das Treppenhaus wird beiderseits von großen Sälen flankiert, die heute den Gästen als Salons, Kaminzimmer, Bibliothek, Konzertsaal oder als Tagungsräume zur Verfügung stehen. Der Wintergarten wird als Restaurant genutzt.

Hervorzuheben sind etwa der ehemalige Gobelinsaal auf der Straßenseite – benannt nach den dort einst vom Generalfeldmarschall Blücher aufgehängten und natürlich nicht mehr vorhandenen Gobelins –, der Große Saal im Westflügel mit dem schönen Kamin, oder das ehemalige Goldene Zimmer, in dem heute die mit einer gusseisernen klassizistischen Treppe ausgestattete Bibliothek untergebracht ist. Auch das Gewölbe im Keller wurde restauriert und als rustikaler Veranstaltungsraum und Weinkeller erschlossen. Die Gästezimmer befinden sich in den Obergeschossen.

Auch der rund drei Hektar große romantische Landschaftspark mit den beiden Seen, zahlreichen alten Bäumen und dem erhaltenen Eiskeller konnte großenteils wiederhergestellt werden.

Gobelinsaal

Großer Saal

Güterfelde

Herrenhaus (Altersheim)

Das Herrenhaus Güterfelde dominiert mit seinem in einer spitzen Haube kulminierenden Turm weithin sichtbar den etwa zehn Kilometer südlich von Berlin-Zehlendorf gelegenen heutigen Ortsteil von Stahnsdorf. Das Haus wurde ursprünglich 1804/05 von David Gilly für den geheimen Oberfinanzrat von Grothe erbaut. Ein flüchtiger Blick auf die lebhaften Neorenaissancefassaden offenbart jedoch, dass das bestehende Gebäude unmöglich in dieser Zeit entstanden sein kann. Tatsächlich ist es das Ergebnis zweier durchgreifender Umgestaltungen aus dem letzten Drittel des 19. Jahrhunderts. Die erste Umbauphase datiert in die Zeit zwischen 1868 und 1873, als das Anwesen dem preußischen Kriegsminister Albrecht Graf von Roon gehörte. Dieser ließ Haus und Garten im Neorenaissancestil verändern. Der heutige Zustand ist jedoch wesentlich durch die neuerliche Umgestaltung geprägt, die der Kommerzienrat Bleichröder nach 1873 vornehmen ließ. Ein Stich aus dem 19. Jahrhundert zeigt jedoch, dass die Umgestaltungen zwar den Gebäudeeindruck nachhaltig veränderten, tatsächlich aber fast nur den Fassadenschmuck betrafen. Gillys frühklassizistischer Bau hatte nicht nur eine identische Baugliederung, er besaß auch bereits den erwähnten Turm – wenngleich noch ohne die spitze Haube – und hatte die Sockelgeschosse für die beiden späteren Seitentürme angelegt. Roon und Bleichröder ließen lediglich die geometrisch-klassizistische Fassadengestaltung überformen, das mit einer Balustrade bekrönte Dach durch ein Mansarddach ersetzen und die integrierten Gauben mit Lünettengiebeln bekrönen. Der auf einem Feldsteinsockel ruhende einflügelige, zweigeschossige Putzbau besitzt als auffällige Besonderheit auf der Parkseite eine mit einem Rundbogen geöffnete Vorhalle.

Das Gebäude kam nebst dem dazugehörenden Gut um die Jahrhundertwende an die Stadt Berlin und wird seit der Nachkriegszeit als Altersheim genutzt. Obschon die vollkommen erhaltenen Fassaden trotz des leicht abbröckelnden Putzes ein intaktes Gebäude imaginieren, befallen den Besucher beim Anblick der Eingangstür schlimme Vorahnungen, die sich nach deren Durchschreiten aufs Fürchterlichste bestätigen. Die DDR hatte hier Tabula rasa gemacht. Von der ehemals prunkvollen Gründerzeitausstattung ist nicht einmal mehr ein fotografierenswertes Treppenhaus erhalten. Dessen ungeachtet ist das vor den Toren der Hauptstadt gelegene, in einen gepflegten Park eingebettete Gebäude einen Abstecher wert, zumal Güterfelde auch über einen kleinen von Wald umgebenen Badesee verfügt.

Herrenhaus vom Park ▶

Gusow

Herrenhaus (Museum/Restaurant)

Das heutige Erscheinungsbild des Baus am Rande des Oderbruchs verrät wenig über seine Geschichte. Bekanntheit errang das Gusower Herrenhaus vor allem durch seinen prominentesten Bewohner, den Generalfeldmarschall des Großen Kurfürsten Georg Friedrich von Derfflinger, dessen Name untrennbar mit der Schlacht von Fehrbellin verbunden ist. Im Ortsteil Platkow gab es seit dem 14. Jahrhundert ein Festes Haus. 1448 gelangte das Gut nach einigen Besitzerwechseln für zwei Jahrhunderte in den Besitz derer von Schapelow. Als Anton von Schapelow am Ende des 30jährigen Krieges ruiniert war, erwarb von Derfflinger das Anwesen für 12000 Taler. Das Aussehen des vermutlich einflügeligen und wohl auch bereits von einem Wassergraben umgebenen Schlosses, das er sich errichten ließ, ist nicht überliefert. Nach seinem Tod im Jahre 1695 ging das Gut zunächst an seinen Sohn Friedrich über. 1724 kam es im Erbgang an Karl von der Marwitz. Dessen Tochter heiratete den Grafen Otto Christoph von Podewils, der ab 1750 das eingeschossige Rokokoschloss errichten ließ, das die Basis des heutigen Baus bildet. Der Park den er ab 1759 mit »Schlängelpfaden« und künstlichen Ruinen anlegen ließ, gilt als Vorläufer der englischen Landschaftsparks. 1804 ging das Gut an die Familie von Schönburg-Waldenburg. 1820 gelangte es per Heirat an den Fürsten Heinrich von Schönburg-Glauchau und verblieb bis 1945 im Besitz von dessen Nachkommen. 1870 begann die letztmalige Umgestaltung des Herrenhauses. Nach Plänen des Architekten Ferdinand Neubart entstand das eindrucksvolle historistische Gebäude. Neubart erhöhte den spätbarocken Vorgängerbau um ein Geschoss und fügte auf der Nordostecke als Spannungselement einen, die Symmetrie des Hauses absichtlich störenden Uhrturm ein. Der Dekorationsstil des Hauses wird meist als »tudorgotisch« bezeichnet, tatsächlich überwiegen jedoch Elemente der französischen Renaissance. Am Stuckdekor im Inneren dominieren neogotische Formen. Eindrucksvoll sind vor allem der große Gartensaal, das Vestibül und das heute stark lädierte Treppenhaus. Fontanes Verdikt, Schloss Gusow sei weder schön noch eigentümlich, erscheint doch etwas ungerecht. Nachdem das Haus seit den 30er Jahren leer stand, wurde es gegen Kriegsende von der Wehrmacht genutzt. Darauf folgten die Enteignung und die üblichen DDR-Nutzungen. 1992 erwarb ein Berliner Ehepaar die herunter gekommene Liegenschaft um das Schloss sukzessive zu sanieren und als Museum, Restaurant und als kleines Hotel nutzbar zu machen. In den Erdgeschossräumen können sich Besucher heute anhand von Zinnfigurendioramen, Uniformen und Erinnerungsstücken über die Brandenburgisch-Preußische Geschichte informieren.

Herrenhaus von Süden ▶

Hoppenrade

Herrenhaus (Wohnung)

Schloss Hoppenrade ist einer jener Bauten, denen sich der große Fontane mit besonderer Ausführlichkeit widmete. Nicht in seinen »Wanderungen«, sondern in dem daran anknüpfenden Band »Fünf Schlösser« schrieb er über das Gut ein langes Kapitel und stellte sein einzigartiges Talent, historische Fakten erzählerisch darzustellen, unter Beweis.

Hoppenrade wurde vermutlich zu Beginn des 13. Jahrhunderts gegründet. Die Ortsbezeichnung lässt auf einen deutschen Ursprung schließen. Im Jahre 1460 ging das »Land Löwenberg«, zu dem Hoppenrade gehörte, an Hans von Bredow. Der Havelberger Dompropst Johann Heinrich von Bredow ließ sich 1724 das Herrenhaus als zunächst eingeschossige Dreiflügelanlage errichten. Die fünfachsigen Seitenflügel umschließen einen echten Ehrenhof mit Auffahrt sind also nicht wie bei anderen Bauten der Epoche (Reckahn, Roskow, Branitz) nur angedeutet. In den südlichen Seitenflügel wurde bemerkenswerter Weise eine Schlosskapelle eingebaut. Der gut erhaltene Sakralraum verfügt über einen mit figürlichem Stuck ausgestatteten, reich gegliederten Altar unter einem hölzernem Gewölbe. Das ursprüngliche Erscheinungsbild des Schlosses ist heute nicht mehr zu erkennen, da die Fassadengestaltung im Zuge des frühklassizistischen Umbaus verändert wurde. Um 1800 wurde der Hauptflügel um ein Geschoss aufgestockt und erhielt auf der Hofseite einen Mittelrisalit mit vorgesetztem dorischen Säulenportikus mit Altan. Zeitgleich entstand der kleine Landschaftspark. Im Inneren wurde eine Treppe mit schmiedeeisernem Geländer eingefügt. Die Umgestaltung erfolgte im Auftrag der Charlotte von Kraut die das Gut 1788 von ihrer Tante geerbt hatte. Fontanes Kapitel über die »Krautentochter« und ihre drei Ehemänner ist ein faszinierendes Zeit- und Sittengemälde.

Mit dem Tod der lebenslustigen Charlotte von Kraut, die regen Kontakt mit den Besitzern der umliegenden Güter Meseberg, Liebenberg, Rheinsberg u.a. pflegte und selbst Prinz Heinrich und Major von Kaphengst zu ihren Besuchern zählte, war die Glanzzeit von Hoppenrade 1819 beendet. Dies galt nicht nur in gesellschaftlicher, sondern vor allem in ökonomischer Hinsicht. Die bis 1836 tätigen Pächter führten Hoppenrade in die Insolvenz, und auch die nachfolgend in kurzer Folge wechselnden Besitzer hatten stets mit pekuniären Problemen zu kämpfen. Als Fontane das Schloss 1861 besuchte, stand es leer und zeigte deutliche Spuren des Verfalls. Ein positiver Nebenaspekt der andauernden Probleme bestand in der Tatsache, dass keiner der späteren Gutsbesitzer über die Mittel verfügte, den Bau grundlegend zu »modernisieren«. Der letzte Eigentümer vor dem Zweiten Weltkrieg war Freiherr Georg von Werthern. Nach dessen Enteignung wurden im Schloss u.a. eine Gaststätte und ein Konsum untergebracht. In den siebziger Jahren wurde das Haus zeitweise zum Treffpunkt einer Ostberliner Künstlerszene, zu der auch Heiner Müller gehörte. 1993 erwarb der Geschäftsführer einer Berliner Werbeagentur das Herrenhaus und den Landschaftspark. Im Gegensatz zu anderen Neueigentümern märkischer Herrenhäuser fand er einen guten Kompromiss zwischen seinem Bedürfnis nach Privatsphäre und dem öffentlichen Interesse am Bauwerk. Besucher der Anlage können sich im Süden und

Parkseite des Schoss

Parkansicht ▶

◀ *Seite 101: Ehrenhof auf der Parkseite*

im Osten des schönen Parks frei bewegen sowie den Hof und zu bestimmten Zeiten auch die Kapelle betreten. Der Schlossherr bleibt zwischen dem Haus und der alten Umfassungsmauer von Touristen unbehelligt. Das Schloss ist in mehreren Etappen weitgehend saniert worden und präsentiert sich ebenso wie der Park wieder in ansehnlichem Zustand. Wer das Haus von innen besichtigen möchte, kann es bei einer Agentur als Veranstaltungsort für Feierlichkeiten, als »Location« für Dreharbeiten, Konzerte u.a. mieten.

Hubertushöhe

Schloss (Hotel/Restaurant)

Auf einer Aussichtsterrasse am südwestlichen Ende des langgezogenen Storkower Sees befindet sich ein leicht exzentrisch anmutendes märkisches Kleinod aus der Kaiserzeit. Entsprechend seinem Namenspatron diente das Gebäude auf dem weitläufigen Areal ursprünglich als Jagdschloss. Schloss Hubertushöhe wurde 1899/1900 von den Architekten M. Jacob und G. Roensch für den wohlhabenden Geheimen Kommerzienrat Friedrich Wilhelm Georg Büxenstein errichtet. Der 1857 geborene Büxenstein stammte aus einer alten Buchdrucker- und Verlegerdynastie und hatte beste Kontakte zum Kaiserhaus. Wilhelm II. erschien am 16. Oktober 1905 mit großem Gefolge zu einer Jagdgesellschaft in Hubertushöhe. Eigens für diesen Anlass musste der Bahnsteig des Bahnhofs verlängert werden. Büxenstein selber präferierte ein anderes Verkehrsmittel – er war einer der ersten Autobesitzer in der Reichshaupstadt.

Sein »Schloss« mit den zahlreichen Nebengebäuden auf dem fünf Hektar großen Gelände ist ein überaus fantasievoller Jugendstilbau in dem für die Berliner Umgebung typischen Stilgemisch der Jahrhundertwende. Präsentiert sich die Anlage nach außen mit dem von Fachwerkbauten mit Türmchen flankierten Torbogen im Ritterburgenstil, so zeigt sich der verschachtelte zweigeschossige Hauptbau mit Turm Wintergarten und Altan im Jugendstilgewand. Eichenholzbalkone mit geschnitzten Jagdszenen und den charakteristisch gewulsteten Pfeilern, fast mediterran anmutende Fensterläden, damit kontrastierende skandinavische Motive wie die von norwegischen Stabkirchen entlehnten Drachenköpfe sind Motive, wie man sie auch an vielen zeitgleichen Villen im Südwesten Berlins findet. Der Berliner Jugendstil war bodenständiger, mehr zum Landhausstil oder zur Burgenromantik neigend als der verspielte florale Jugendstil in Nancy oder Brüssel. Die Zweckbestimmung des Baus spiegelt sich in seinem überwiegend der Jagd gewidmeten fantastisch-skurrilen Bauschmuck. Stuckgefertigte und geschnitzte Jagdszenen, Dackelköpfe im Kapitell eines Pfeilers, ein Jagdhund, der einem Atlanten gleich das über ihm liegende Gebälk tragen muss oder ein stuckgefertigter Keiler über dem Hoftor verleihen dem eher ernst wirkenden Bau eine ironische Note. Die skandinavischen Motive sollten wohl dem Kaiser gefallen, der ein Faible für diesen Stil hatte. Büxenstein ließ den Bau von Berliner Künstlern dekorieren.

Im Jahre 1916 verkaufte er das Anwesen an den Textilfabrikanten Rudolf Bamberg. An die Stelle aristokratischer Jagdgesellschaften traten Empfänge und Präsentationen der Berliner Modeszene. 1935 erwarb die Firma Reemtsma Hubertushöhe und wandelte das Haus in ein Erholungsheim für ihre Mitarbeiter um. Während des Krieges diente es dann der Wehrmacht als Sanatorium. Zu DDR-Zeiten war hier eine Ingenieurschule für Binnenfischerei untergebracht.

Nach der Wiedervereinigung erwarb wiederum die Firma Reemtsma das Objekt und ließ es – nachdem man verschiedene Nutzungskonzepte gegeneinander abgewogen hatte – mit großem Aufwand in ein modernes Schlosshotel der höchsten Kategorie mit 23 Zimmern und Suiten umwandeln. Wenngleich die unter

Restaurant Windspiel

◀ *Seite 105: Gesamtansicht von Südwesten*

Berücksichtigung denkmalpflegerischer Auflagen erfolgte Sanierung angesichts der Komplexität des Gebäudes außerordentlich aufwendig war, wurde sie dadurch erleichtert, dass das Gebäude die jahrelangen wechselnden Nutzungen in relativ guter Verfassung überstanden hatte.

Auch das Innere ist vom Jugendstil geprägt. Die Raumgestaltungen, die durch geschnitzte Eichenholzvertäfelungen und Türen, teils – wie im »pompejanischen« Turmzimmer – reich bemalte Stuckarbeiten, Fischgrätenparkette, abwechselnd tapezierte oder glatt geputzte und mit Malereien dekorierte, farblich von Raum zu Raum wechselnde Wandflächen geprägt sind, strahlen eine edle, unaufdringliche Noblesse aus. Ein besonderer Blickfang sind die gleichfalls erhaltenen Buntglasfenster, wie vor allem jenes über dem Haupteingang, in der heutigen Hotelhalle. Die figürlichen Darstellungen im Haus zeigen ebenso wie die am Außenbau wahlweise Wildtiere, Wald- oder Jagdszenen.

Entsprechend der Kategorie des 1998 eröffneten Hotels verfügt das Haus auch über eine außergewöhnliche Gastronomie. Das Restaurant »Windspiel« hat sich einen Platz unter den dreißig deutschen Toprestaurants erarbeitet. Das rund fünf Hektar große, direkt am Storkower See gelegene gepflegte Grundstück mit angeschlossenem Jachthafen ist als Landschaftspark gestaltet und kann von den Gästen vielfältig genutzt werden.

Oben: Buntglasfenster in der Eingangshalle

Unten: Wappen und Eber

Kröchlendorff

Herrenhaus (Bildungseinrichtung)

Kröchlendorff besteht als eigenständiges Gut erst seit dem 18. Jahrhundert. Das 4628 Hektar große Gebiet im Norden der Uckermark ging 1711 im Zuge einer Erbteilung innerhalb der Boitzenburger Linie an Hans Abraham von Arnim. Zu diesem Zeitpunkt existierte hier lediglich ein »Vorwerk«, das im Laufe des 18. Jahrhunderts zu einem Herrenhaus ausgebaut wurde. Dieses nicht dokumentierte Barockgebäude wurde 1806 von marodierenden napoleonischen Truppen so stark beschädigt, dass es abgetragen werden musste. Die Kröchlendorffer Arnims wohnten, da sie im Staatsdiensten standen, überwiegend in Berlin und konnten es offenbar verschmerzen, einige Jahre kein Schloss in ihrem Gut zu besitzen. Erst 1844 machte sich der Landrat und königliche Kammerherr Oskar von Arnim daran, diesem Zustand Abhilfe zu verschaffen. Er betraute den Berliner Architekten Eduard Knoblauch (1801–1865) mit der Aufgabe, ihm einen neuen Landsitz zu entwerfen. Knoblauch war einer der bekanntesten Berliner Architekten der Epoche. Er hat sich später mit repräsentativen Großprojekten wie der Russischen Botschaft oder der Synagoge in der Oranienburger Straße einen Namen gemacht. Auch entwarf er einige ländliche Herrenhäuser. Sein Name ist in Berlin vor allem deshalb nicht ganz in Vergessenheit geraten, weil das Knoblauchsche Wohnhaus, das sich als einziges Gebäude im Nikolaiviertel erhalten hat, heute als Museum einen einzigartigen Einblick in die biedermeierliche Berliner Wohnkultur ermöglicht. Knoblauch legte 1844 drei verschiedene Entwürfe vor mit teils der Renaissance, teils der Gotik verpflichtetem Dekor. Zur Ausführung gelangte schließlich ein Entwurf, der von der englischen Spätgotik und deren Schinkelscher Adaptation am Babelsberger Schloss beeinflusst ist. Der 1848 vollendete zweigeschossige Einflügelbau bezieht seine Spannung aus dem Zusammenspiel der lang gestreckten Fassade mit den dreiachsigen Mittelrisaliten, den schräg gestellten Ecktürmen und den gestuften Giebelfronten an den Schmalseiten. Der reiche Dekor enthält zahlreiche Elemente der Tudorgotik wie den umlaufen Zinnenkranz, Strebepfeileraufsätze, Schmuckbänder oder mit flachen (Tudor-)Spitzbögen schließende, teils zu Gruppen zusammengefasste Fenster. Von der Leichtigkeit der angelsächsischen Spätgotik ist im Laufe der Jahre einiges verloren gegangen. Bis zum Ersten Weltkrieg waren die oktogonalen Turmhauben ein Geschoss höher als heute, die Fenster verfügten über eine Maßwerkgliederung, und der Dachfirst war von einer Reihe filigraner Maßwerkkrabben bekrönt. Auf einer Lithographie aus dem Jahre 1861 erkennt man auch, dass das Gebäude früher über grüne Fensterläden verfügte. Gleichwohl ist das Schloss noch immer eine elegante Erscheinung. Mit seiner reichen bauplastischen Fassadengliederung steht es in der Tradition des späten Schinkel und seiner Schüler, mit denen Knoblauch teilweise auch zusammenarbeitete. Über dem Portal befindet sich das reich verzierte Wappen derer von Arnim und von Bismarck. Oskar von Arnim war mit Alwine von Bismarck , der Schwester des späteren Reichskanzlers, verheiratet. Am Rande des kleinen von Lenné entworfenen Parks befindet sich die 1864 von Ferdinand von Arnim errichtete neogotische Schlosskirche mit durchbrochenem Turmhelm.

Vestibül

Bereits am 27. April 1945 wurde Detlev von Arnim, der letzte Besitzer der Gutes, enteignet und das Gebäude zum Wohnhaus für Flüchtlinge umgewidmet. 1950–55 diente es als Tuberkulose-Sanatorium und danach bis zur Wende als Kinderheim »Frohe Zukunft«. Die nördlich des Herrenhauses gelegenen Ställe und Scheunen waren bereits nach dem Krieg abgerissen worden, um Baumaterial zu gewinnen; die Kirche war seit 1961 wegen Baufälligkeit geschlossen. Nach der Wende übernahm Outward Bound – Deutsche Gesellschaft für Europäische Erziehung e.V. das Gebäude. Diese ließ es 1994–96 umfassend sanieren

◀ *Seite 109: Herrenhaus von Süden*

Park mit Schlosskirche

und am Nordrand des Parks ein modernes Bettenhaus errichten. Wenngleich nach den Fehlnutzungen der letzten Jahrzehnte nicht alles denkmalgerecht rekonstruiert werden konnte und an vielen Stellen moderne Hinzufügungen an die Stelle historischen Zierrats getreten sind präsentiert sich der Bau heute wieder in ansehnlichem Zustand. Outward Bound unterhält in Kröchlendorff entsprechend seiner Satzung vor allem eine pädagogische Bildungseinrichtung, zugleich wird das reizvoll gelegene Haus jedoch als für jedermann zugängliches Schlosshotel mit moderner Tagungstechnik betrieben. Die 1993–2002 aufwendig restaurierte Kirche wird auch als Veranstaltungs- und Konzertsaal genutzt.

Liebenberg

Herrenhaus, Seeschloss (Hotel)

Wer sich im DDR-»Dehio« von 1983 über eines der heute bekanntesten Schlosshotels der Mark Brandenburg informieren möchte, wird nicht fündig. Die verantwortlichen Funktionäre der SED wollten das von ihnen vereinnahmte Ensemble, das immerhin in Fontanes Spätwerk »Fünf Schlösser« ausführlich behandelt wird, in Vergessenheit geraten lassen und verhinderten deshalb sogar, dass es in dem einschlägigen »Handbuch der Deutschen Kunstdenkmäler« auftaucht.

Das 1269 erstmals erwähnte, damals wie heute zum Land Löwenberg gehörende Dorf, wurde vermutlich Anfang des 13. Jahrhunderts von deutschen Siedlern gegründet. Aus der Frühzeit des Gutes hat sich die im 19. Jahrhundert stark veränderte Kirche erhalten. Nachdem Liebenberg im 15. Jahrhundert verödete, legten die von Bredow hier in der zweiten Hälfte des 16. Jahrhunderts ein Vorwerk an. Nach dem Dreißigjährigen Krieg kam Liebenberg an die Familie von Hertefeld. 1743 ließ sich Casimir von Hertefeld ein eingeschossiges, einflügeliges Herrenhaus errichten, das den baulichen Kern des Westflügels des heutigen Gebäudeensembles bildet. Über einen möglichen Vorgängerbau ist nichts bekannt, die Existenz des stattlichen Inspektorhauses von 1698 legt aber die Vermutung nahe, dass es bereits ein größeres Gebäude gegeben haben muss. Das barocke Herrenhaus wurde seinerseits im 19. Jahrhundert in mehreren Etappen so durchgreifend verändert, dass seine ursprüngliche Gestalt nicht mehr erkennbar ist. Von 1833 an wurde das Haus zunächst zu einer zweigeschossigen Anlage aufgestockt. Bereits vier Jahre zuvor war mit der Umgestaltung des Terrains südlich des Herrenhauses zu einem Landschaftspark mit zwei Teichen und einer künstlichen Ruine nach Plänen von Peter Joseph Lenné begonnen worden.

Als 1867 der letzte Vertreter derer von Hertefeld starb, kam das Gut an die Familie von Eulenburg. Philipp Fürst (seit 1900) zu Eulenburg und Hertefeld (1847–1921) war ein enger Vertrauter Kaiser Wilhelms II., der häufig auf Liebenberg weilte. Seine Einflussname auf die Politik des Hofes rief vielfach Misstrauen und öffentliche Kritik hervor. 1875 wurde das Haus abermals ausgebaut und erhielt nun einen südlichen Seitenflügel sowie den oktogonalen Turm. Stilistisch wurde es ein Neorenaissancebau aus einem Guss mit sechsteiligen Sprossenfenstern, rustizierten Eckpilastern und Zwerchhäusern mit Volutengiebeln. 1891–1905 erfolgte eine letztmalige Erweiterung um einen weiteren Flügel. Dieser im Heimat- und Jugendstil errichtete Trakt wird von einem wuchtigen Turm mit steilem Walmdach im Zentrum dominiert. Durch seine Ausrichtung nach Norden bildet dieser Flügel zusammen mit dem Inspektorhaus und der Kirche einen »mittelalterlichen« Platz, in dessen Zentrum sich ein 1895 eingefügter Brunnen aus Elbsandstein befindet. In diese Zeit datiert auch die Schlosskapelle, die Fürst Philipp zur Erinnerung an seine Mutter im Südflügel einfügen ließ. Seit 1944 heißt dieser im Stil orthodoxer Kirchen errichtete Sakralraum »Libertas Kapelle«. Damit soll an die Enkelin des Bauherrn, Libertas Haas-Heye, erinnert werden, die als Mitglied der »Roten Kapelle« 1942 in Plötzensee hingerichtet wurde. Die Libertas Kapelle ist der einzige unter den einst prachtvollen Räumen (Waf-

fensaal, Jagdsaal, Porzellankabinett, Blauer Salon u.a.), der sich erhalten hat. Östlich des Herrenhauses liegt der weiträumige Gutshof mit Scheunen und Stallungen.

1906–08 errichtete sich die Familie in Liebenberg ein zweites »Schloss«. Etwa zwei Kilometer vom Gut entfernt entstand auf einem aussichtsreichen Moränenhügel oberhalb des Kleinen Lankesees ein dreiachsiger symmetrischer Bau mit einer repräsentativen Auffahrt unter einem Altan. Das »Haus am See« hat die Dimensionen einer großen Villa und schwankt wie viele dieser Bauten stilistisch zwischen Jugendstil, Heimatstil und Neobarock. Eindrucksvoll sind das Vestibül mit dem angeschlossenen Treppenhaus und der Saal vor der Seeterrasse mit dem großen Kamin aus rotem und schwarzem Marmor.

Ein Jahr nach der Enteignung – das Haus einschließlich der 25 000 Bände umfassenden Bibliothek war zwischenzeitlich gründlich geplündert und der Ostflügel in Brand gesteckt worden – übergab die sowjetische Militäradministration das Gut an die SED. Diese hatte zunächst die Absicht, es nicht in eine

Oben: Haus am See

Unten: Haus am See, Vestibül

◀ *Seite 113: Herrenhaus von Westen*

LPG, sondern in ein »sozialistisches Mustergut« umzuwandeln. Die hochfliegenden Pläne wurden nicht verwirklicht, die Liegenschaften blieben jedoch im Besitz der Partei, und das Haus am See wurde später zum weiträumig abgeschirmten Treffpunkt des ZK. Dies erklärt die Geheimniskrämerei. Während das von den gehobenen Parteichargen genutzte Seehaus die DDR in leidlichem Zustand überlebte, war das Herrenhaus 1989 katastrophal verwohnt und baulich entstellt. Nach jahrelangen vergeblichen Privatisierungsbemühungen wurden die beiden Bauten schließlich von der Deutschen Kreditbank erworben, welche die Immobilien und die Parkanlagen mit großem Aufwand sanierte und hier 2003 ein Hotel- und Tagungszentrum eröffnete. Äußerlich präsentiert sich das Herrenhaus heute wieder im ursprünglichen Zustand. Im Inneren wurde die Kapelle restauriert und die »Nordische Halle« im Ostflügel wiederhergestellt. Die modernen Gastronomie-, Veranstaltungs- und Hotelräume wurden geschmackvoll in das historische Gebäude integriert. Im aktuellen »Dehio« wird Liebenberg angemessen berücksichtigt.

Oben: Libertaskapelle

Unten: Herrenhaus, Hofansicht

Lietzen

Herrenhaus/Komturei (Landgut, Wohnung)

Das Gut Lietzen zählt neben den Schlössern Neuhardenberg und Lübbenau zu den wenigen Liegenschaften, das gemäß Einigungsvertrag dem Vorbesitzer rückübertragen wurden. Vertreter der Familien Hardenberg und Lynar gehörten zum Kreis des 20. Juli 1944 und sind noch vor 1945 enteignet worden. Bei den Hardenbergs sind es die beiden Güter Quilitz (Neuhardenberg) und Lietzen, die Staatskanzler Fürst Karl August von Hardenberg 1814 als königliche Dotation erhalten hatte. Die 1811 erfolgte Säkularisation des Johanniterordens bildeten die Voraussetzung für die Schenkung Friedrich Wilhelms III.

Lietzen kann auf eine lange und bewegte Geschichte zurückblicken. Die 1220 erstmals erwähnte Siedlung war ursprünglich eine Komturei (Kommende) des Templerordens und diente somit vorrangig der Finanzierung der militärischen Unternehmungen des im Rahmen der Kreuzzüge gegründeten Ordens. Als dieser 1312 aufgehoben wurde, schlossen sich die deutschen Templer den Johannitern an, und Lietzen wurde zu einer Johanniterkomturei. Aus mittelalterlicher Zeit haben sich auf dem von einer Feldsteinmauer eingefassten Gelände die im Kern aus dem 13. Jahrhundert stammende und im 15. Jahrhundert gotisierte Saalkirche mit schönem Sterngewölbe und das aus dem 14. Jahrhundert stammende, aus groben Feldsteinen gefertigte wuchtige Speichergebäude erhalten, das die Silhouette des Ensembles nach Süden hin dominiert. Wenige Meter östlich der Kirche befindet sich das gleichfalls überwiegend aus unverputzten Feldsteinen gefertigte Herrenhaus, das vormalige Komtureigebäude. Das ungewöhnliche frühbarocke Gebäude wurde um 1690 unter vermuteter Einbeziehung eines Vorgängerbaus errichtet. Es besteht aus einem zweigeschossigen, siebenachsigen Mitteltrakt unter einem flachen Walmdach, der von niedrigeren zweigeschossigen Seitentrakten flankiert wird. Während sich auf der Westseite ein relativ schlichtes Portal befindet, gibt es auf der Gartenseite eine eindrucksvolle doppelläufige Freitreppe. Die Innenräume des bereits zu DDR-Zeiten restaurierten und heute als privates Wohnhaus der Familie von Hardenberg genutzten Hauses verfügen teilweise über aufwendige Stuckdecken und Deckenmalereien. Der kleine Zier- und Landschaftspark, der sich östlich des Hauses in malerischer Lage über dem Küchensee befindet, wurde nach dem Besitzerwechsel von 1814 angelegt. Während die Hardenbergs ihr Neuhardenberger Landgut, mit dem auch ein begüterter Privatier zweifellos überfordert gewesen wäre, nach der Restitution an den Deutschen Sparkassen- und Giroverband veräußerten, entschlossen sie sich 1994, ihren Lebensmittelpunkt wieder in die Mark Brandenburg zu verlegen und Lietzen zu ihrer Heimat zu machen. Das durch die überdimensionierte Nutztierhaltung der LPG kontaminierte Gelände wurde ebenso wie die heruntergekommenen Immobilien aufwendig saniert. Da Gebhard Graf von Hardenberg gelernter Landwirt ist, bedeutete diese Entscheidung zugleich, dass das Gut wieder als landwirtschaftlicher Familienbetrieb geführt wird. In der ehemaligen Komturei werden heute biologisch erzeugte Fleisch- und Fischprodukte vermarktet. In den Nebengebäuden sind elf komfortable Ferienwohnungen eingerichtet.

Herrenhaus, Gartenseite

Lübben

Schloss (Museum, Restaurant, Festsaal)

Obwohl das zur Festung erklärte Lübben in den letzten Kriegstagen zu 85 Prozent zerstört wurde und das Zentrum heute großflächig von Plattenbauen beherrscht wird, verfügt die Stadt noch immer über eine größere Zahl malerischer Ansichten und bedeutender historischer Bauten. Während der Norden der Altstadt überwiegend in Schutt und Asche fiel – die Trümmer wurden südlich des Schlosses zu einem Hügel aufgeschüttet –, kamen das Schloss und die angrenzenden Gebäude des einstigen »Niederlausitzer Regierungsviertels« mit vergleichsweise geringen Schäden davon.

Lübben wurde um 1150 erstmals als »urbs lubin« erwähnt – die sorbische Siedlung ist aber vermutlich weitaus älter. Ihre Entwicklung wurde begünstigt durch die Lage an einem strategisch wichtigen Spreeübergang. Die ersten Dokumente über die Wasserburg, welche die Keimzelle des heutigen Schlosses bildete, datieren in die Zeit um 1200. Der älteste Teil der Anlage ist der im Querschnitt etwa quadratische, später mehrfach stark veränderte (Wehr)turm. Es handelt sich hier anscheinend um eine mittelalterliche Neuanlage – der ausgegrabene slawische Rundwall liegt etwa 1,5 Kilometer südlich im heutigen Ortsteil Steinkirchen. Lübben wechselte wie die gesamte Niederlausitz im Laufe seiner Geschichte diverse Male die Herrschaft. Es gehörte zeitweise zum Kloster Doberlug, dann residierten hier im 13. Jahrhundert die Lausitzer Burggrafen, im 14. Jahrhundert gehört es zunächst zu Sachsen, um 1373 böhmisch zu werden. 1448 kam die Stadt vorübergehend unter brandenburgische Herrschaft, wurde 1462 wieder böhmisch (1526 habsburgisch), um 1635 kursächsisch zu werden. Von 1657 bis 1738 gehörte es mit der Niederlausitz zum Herzogtum Sachsen-Merseburg, einer kursächsischen Sekundogenitur. Durch den Wiener Kongress kam die Stadt dann endgültig an Brandenburg-Preußen.

Das »Schloss« besteht aus drei Gebäuden – bis 1945 waren es vier –, deren Entstehung kompliziert ist. Der im Norden des Ensembles stehende Turmbau besitzt in den Unterschossen bis zu drei Meter starkes Mauerwerk, entstammt im Kern dem Mittelalter – der genaue Zeitpunkt ist strittig –, wurde um 1686 und 1914/15 erneut durchgreifend verändert. Bei der Umgestaltung des 17. Jahrhunderts erhielt er als oberen Abschluss ein Fachwerkgeschoss mit der herzoglichen Wohnung, das im 20. Jahrhundert wieder abgerissen wurde. Darunter befindet sich der zweigeschossige Huldigungs- oder Wappensaal der Niederlausitzer Stände. 1915 wurde er zum Jubiläum des Wiener Kongresses von dem Maler, Innenarchitekten und Raumkünstler August Oetken (1886–1951) aus Oldenburg mit der »Huldigung« Kurfürst Friedrichs II. (1448) und den märkischen Wappen neu ausgemalt. Oetken war von 1907 bis 1926 Lehrer für Ornamentik und farbiges Dekor an der TH Charlottenburg und an vielen Großprojekten (Wartburg, Residenzschloss Posen) der wilhelminischen Ära beteiligt. Im Rahmen dieser Umgestaltung erhielt der Turm auch sein Mansardwalmdach sowie ein neues Portal.

Von der Spreeseite aus wird das sogenannte Oberamtshaus als das eigentliche Schloss wahrgenommen. Das dreigeschossige, ursprünglich siebenachsige Spätrenaissancegebäude mit Satteldach wurde von unter Herzog Christian I. 1679–82 erbaut und diente

Wappensaal

als Amtssitz der Regierung der Niederlausitz. Der Bau, dessen Fassaden vor allem durch die reich stuckierten Fensterrahmen gegliedert werden, besitzt einen aufwendig verzierten Ostgiebel mit vorgeblendeten korinthischen Säulen. Als die Regierung der Niederlausitz nach dem Anschluss an Preußen aufgelöst wurde, diente das Haus als Amtsgebäude. 1899 wurde es um drei Achsen nach Westen verlängert und erhielt u.a. das Prunkportal sowie den schönen Altan auf der Südseite. Der schlichte Marstall auf der Westseite des Ensembles entstand 1666. Sein östliches Pendant wurde 1945 zerstört. Im Rahmen der Umgestaltung

◀ *Seite 119: Schloss von Süden*

Schloss von Südwesten mit Marstall und Turmbau

des Turms wurde 1915 auch eine gewölbte Brücke zum Oberamtshaus gebaut.

Nach dem Zweiten Weltkrieg wurde das Schloss überwiegend behördlich (Berufsschule, Standesamt, Volkshochschule) genutzt. Anfang der achtziger Jahre wurde der Wappensaal aufwendig restauriert und 1982 als Festsaal neu eingeweiht. Nach der Wende wurden die äußerlich gut erhaltenen Gebäude erneut restauriert. In den Obergeschossen des Oberamtshauses wurde das Stadt- und Regionalmuseum eingerichtet, in dem man sich über die Geschichte des Spreewaldes informieren kann. Darunter befindet sich das Restaurant »Historischer Weinkeller«. Im Marstall ist heute die Touristeninformation untergebracht.

Lübbenau

Schloss (Schlosshotel)

Obgleich sich Lübbenau in der Niederlausitz befindet und das Stadtbild der quirligen Spreewaldmetropole seine sächsischen Wurzeln kaum verleugnet, präsentiert sich das Schloss mit seinen ruhigen klassizistischen Fassaden eindeutig als preußischer Bau. In seiner architektonischen Grunddisposition ist es gleichwohl einzigartig.

Lübbenau ist eine über tausend Jahre alte wendische Siedlung. Nach der deutschen Ostkolonisation hat der Ort diverse Male den Besitzer gewechselt. In den letzten etwa hundert Jahren vor dem Dreißigjährigen Krieg gehörte das Gut der Familie von der Schulenburg. Diese war durch die Kriegswirren gezwungen, Lübbenau im Jahre 1621 an Elisabeth zu Lynar zu verkaufen. Die Lynar stammten ursprünglich vermutlich aus der Toskana und waren im 16. Jahrhundert über Frankreich nach Deutschland eingewandert. Ihr berühmtester Spross war Rochus Graf zu Lynar (1525–1596), der sich als Festungsbaumeister einen Namen gemacht hat und seit 1569 in sächsischen, seit 1578 in brandenburgischen Diensten stand. Sein vielleicht bedeutendstes Bauwerk ist die Spandauer Zitadelle.

Die Lynar bezogen in Lübbenau ein bereits bestehendes dreiflügeliges Wasserschloss der Renaissancezeit, an dem sie zwar im 18. Jahrhundert immer wieder Veränderungen vornehmen ließen, dass aber strukturell bis ins 19. Jahrhundert bestehen blieb. Im 18. Jahrhundert verlagerten sie ihr Privatleben immer mehr aus dem als unbefriedigend empfundenen Schloss in einen im Schlossbezirk errichteten Neubau, das heute noch bestehende »Efeuhaus«. Ende des 18. Jahrhunderts spaltete sich die Familie in einen Lübbenauer Zweig (Christian Ernst) und einen in Fürstlich Drehna (Moritz Ludwig Ernst) auf. Nach den napoleonischen Kriegen begann Herrmann Rochus von Lynar den in der Familie lange gehegten Wunsch nach einem Schlossneubau zu verwirklichen.

Bevor der Lübbenauer Schlossneubau zu einem preußischen Bau werden konnte, war er zunächst ein sächsischer. Lynar vergab den Bauauftrag an den befreundeten Leipziger Architekten Karl August Siegel (1757–1832). Bei der Gestaltung der Fassaden schien Siegel weniger durch sächsische Vorbilder als vielmehr von den Bauten Friedrich Gillys beeinflusst zu sein. Er schuf von 1816 bis 1820 unter Einbeziehung der Fundamente des abgebrochenen Renaissanceschlosses den ungewöhnlichen Baukorpus des zweiflügeligen Schlosses, der den Kern des bestehenden Schlosses bildet. Das eigentlich Neuartige an Siegels Konzeption bestand darin, dass am Treffpunkt der rechtwinklig aufeinanderstoßenden Flügel Portal, Vestibül und Treppenhaus untergebracht wurden, so dass auf der Gartenseite der zweiflügeligen Anlage ein Hof entstand.

Nach Siegels Plänen wurde vermutlich auch die Orangerie gegenüber dem Schloss erbaut, die heute als Ausstellungsstätte genutzt wird. Die Umgestaltung des Gartens zu einem »englischen« Landschaftspark datiert ebenfalls in diese Zeit.

Siegels Bau blieb keine zwanzig Jahre unverändert bestehen. 1834 trat der zwischenzeitlich zum preußischen Rittmeister avancierte Hermann Rochus an Karl Friedrich Schinkel heran und bat diesen um die Neugestaltung seines Schlosses. Schinkel erklärte sich

bereit, ihm beratend zur Seite zu stehen und empfahl für die Baudurchführung seinen Schüler Wilhelm Salzenberg (1803–1887). Salzenbergs Pläne, die u.a. einen wuchtigen kubischen Anbau am Treppenhaus sowie einen Zinnenkranz am Dachansatz vorsahen, kamen jedoch nicht zur Ausführung. Stattdessen wurde das Haus ab 1839 von dem Baukondukteur Homann – einem ebenfalls von Schinkel empfohlenen Architekten – umgestaltet. Wie bereits von seinem Vorgänger geplant, wurde unter Homanns Leitung das Mezzaningeschoss abgetragen, die Fassadengestaltung und der Eingangsbereich etwas verändert. An das Treppenhaus wurden zwei quadratische Türme angebaut, die dem Bau in Verbindung mit den Fensterflächen des Treppenhauses einen fast sakralen Charakter verleihen.

Schloss Lübbenau diente nur wenige Jahrzehnte als Wohnort der Familie zu Lynar. Sie richtete sich seit der zweiten Hälfte des 19. Jahrhunderts allmählich im benachbarten Schloss Seese häuslich ein. 1931 wurde das Haus in Zusammenarbeit mit dem Märkischen Museum zum Museum der umfangreichen Lynarschen Kunstsammlung und Bibliothek. Als Mitverschwörer

Oben: Schloss von Westen

Unten: Vestibül mit Treppenhaus

◀ *Seite 123: Schloss, Gartenseite*

vom 20. Juli wurde Wilhelm Friedrich Graf zu Lynar am 29. September 1944 hingerichtet. Die Familie wurde enteignet. Noch im gleichen Jahr brannte das Haus teilweise aus.

In der DDR-Zeit wurde es als Krankenhaus, Kinderkurheim und Ausbildungsstätte genutzt. Die Raumaufteilung der Seitenflügel wurde verändert, das wunderbare Treppenhaus jedoch blieb glücklicherweise strukturell erhalten.

Aufgrund der Geschehnisse von 1944 erhielt die Familie zu Lynar ihren vormaligen Besitz nach der Wende zurück. Seit 1992 betreibt die Familie hier eines der ältesten und schönsten Schlosshotels in der Mark Brandenburg. Das Viersternehotel verfügt über 46 Gästezimmer, diverse Veranstaltungsräume und ein Restaurant. Das Haus wurde mit großem Aufwand denkmalgerecht restauriert. Bemerkenswerte und weitgehend authentische Schaustücke im Inneren sind das Treppenhaus mit den freitragenden Treppenläufen sowie den Holzsäulen mit Palmettenkapitellen, das Vestibül mit der Rezeption, das u.a. als Standesamt fungierende Balkonzimmer sowie die Jagdstube im Ostflügel, die zum Restaurantbereich gehört.

Oben: Balkonzimmer

Unten: Jagdstube

Meyenburg

Schloss (Heimatmuseum/Modemuseum)

Schloss Meyenburg präsentiert sich heute in derart homogenem Renaissancestil, dass man den Bau fast instinktiv verdächtigt, nicht ganz vollständig im 16. Jahrhundert entstanden zu sein. Gleichwohl ist die Unterscheidung von alt und neu, von »Historischem« und »Historistischem« wie so häufig nicht leicht.

Das unverputzte Backsteinmauerwerk signalisiert deutlich, dass wir uns im Norden befinden. Ähnlich wie das wenige Kilometer entfernte Freyenstein wechselte Meyenburg mehrmals zwischen Mecklenburg und Brandenburg, bevor die Stadt 1325 endgültig märkisch wurde. Nachdem im 13. und frühen 14. Jahrhundert die Edlen Herren Gans zu Putlitz in der nördlichen Prignitz geherrscht hatten, wurde 1364(?) die Familie von Rohr mit Meyenburg (und Freyenstein) belehnt, das sie zuvor für den Markgrafen Ludwig V. erobert hatten. Die weit verzweigte Familie stammte ursprünglich aus Bayern, und ihre Belehnung fiel in die Zeit, als nach dem Aussterben der Askanier in Brandenburg die Wittelsbacher regierten. Der einzige »Schönheitsfehler« in der für ein märkisches Landgut ungewöhnlichen Kontinuität war eine Teilung des Besitzes innerhalb der Familie im Jahre 1413. Nachdem Hans der Ältere von Rohr »das halb Sloss von Meyenborsch mit anderm« an seinen Cousin Bernd von Neuhauser verkauft hatte, war die Familie Rohr in einen »weißen« und einen »schwarzen« Stamm gespalten. Dieses Ereignis hatte auch architektonische Konsequenzen, deren Nachwirkungen der Besucher heute sehen kann.

Ungewöhnlich an Schloss Meyenburg ist auch, dass es sich nicht auf dem Land sondern innerhalb der Stadt, wenn auch an deren Peripherie, befindet. Bereits zu Beginn des 14. Jahrhunderts war eine außerhalb der Stadt gelegene Burg – vielleicht auch wegen der unsicheren Grenzlage – aufgegeben worden. Die ältesten Teile der backsteingotischen Burg, deren genaues Aussehen nicht überliefert ist, datieren noch in das 14. Jahrhundert. Seit der Besitzteilung von 1413 existierten bis ins 19. Jahrhundert zwei separate Gebäude unmittelbar nebeneinander. Die genaue Baugeschichte des Schlosses wird im Dehio als weitgehend ungeklärt bezeichnet. Zu Beginn des 16. Jahrhunderts wurde das östliche und um die Mitte des 16. Jahrhunderts das westliche der zwei backsteinernen Renaissancegebäude errichtet. Strukturell haben sich diese Bauten weitgehend erhalten, wenn auch die ursprüngliche Fassadengestaltung nur auf der Nordseite – auf der sich auch die vier alten Wehrtürme befinden – noch teilweise zu erkennen ist. Im Nordostturm finden sich noch spätgotische Gewölbe. In den östlichen Seitenflügel sind Teile der Stadtmauer einbezogen.

Im Jahre 1818 konnte Otto Christoph von Rohr durch Rückkauf den verstreuten Familienbesitz wieder in einer Hand vereinigen. 1865 ließ sein Sohn Otto August Alexander das Ensemble durch den Berliner Baurat Friedrich Adler (1827–1908) zu der heute bestehenden einheitlichen Schlossanlage umbauen. Adler arbeitete auch mit den Schinkel-Schülern Johann Heinrich Strack (1805–1880) und Friedrich August Stüler (1800–1865) zusammen und war an einer Vielzahl bedeutender Bauprojekte beteiligt. In Meyenburg fügte er zwischen die beiden separaten Trakte einen Verbindungsbau, den er beiderseits mit reich verzierten Voluten- und Lünettengiebeln ausstattete.

Schloss von Norden

Der westliche Seitenflügel erhielt nach Süden hin einen ähnlichen, jedoch etwas niedrigeren Giebel. Vor dem neu angelegten Hauptportal auf der Südseite errichtete er einen repräsentativen Altan. Inwieweit das Dekor des Backsteinbaus, das sich an mecklenburgischen Renaissanceschlössern (Schwerin, Gadebusch, Wismar) orientiert, auch die Formensprache der Vorgängerbauten aufgreift, ist nicht klar. Nach der Vollendung des Baus im Jahre 1866 wurde der nur teilweise erhaltene »englische« Landschaftsgarten angelegt. Unter Theodor von Rohr wurde zu Beginn des 20. Jahrhunderts der prachtvolle Jugendstilsaal im Obergeschoss geschaffen. 1914 wurde der Ostflügel erneuert.

◀ *Seite 127: Schloss von Süden*

Festsaal

Im gleichen Jahr fiel Theodors einziger Sohn und Erbe Wichard von Rohr im beginnenden Ersten Weltkrieg. 1928 wurde das Gut aufgelöst und der Stadt Meyenburg zugesprochen. Es folgte eine Vielzahl von Nutzungen. Nach der SA kam der Reichsarbeitsdienst. In der Nachkriegszeit diente das Haus zunächst Ostflüchtlingen als vorübergehende Heimstatt. Seit den fünfziger Jahren war es Krippe, Kindergarten und Internat. Nach der von 1992 bis 2002 erfolgten umfassenden Sanierung präsentiert sich das Schloss von außen wie von innen wieder in vorzüglichem Zustand. Heute befinden sich seinen Räumen ein Modemuseum, ein kleines Heimatmuseum und die Meyenburger Stadtbibliothek. Der Festsaal im Obergeschoss wird für Veranstaltungen genutzt.

Neuhardenberg

Schloss (Museum)

Wer auf der B 167, die sich bald zum Dorfanger (heute Karl-Marx-Allee) weitet, nach Neuhardenberg hineinfährt, kann sich, je mehr er sich den weithin sichtbaren Landmarken Kirche und Obelisk nähert, dem Gefühl nicht entziehen, in eine mondäne Residenzstadt zu kommen. Wenn sich am Schinkelplatz der Blick nach Westen auf das Schloss öffnet, lässt die elegante Architektur hinter dem weiten, von Nebengebäuden gesäumten Platz unschwer erkennen, dass hier kein »gewöhnlicher« Gutsherr gelebt hat. Das Schloss wurde von 1820 bis 1822 vom preußischen Oberbaudirektor Karl Friedrich Schinkel für den Staatskanzler Karl August Fürst von Hardenberg, eine der maßgeblichen Persönlichkeiten Preußens in der ersten Hälfte des 19. Jahrhunderts erbaut.

Neuhardenberg wechselte im Laufe seiner Geschichte dreimal den Namen. Die letzte Umbenennung erfolgte am 1. Januar 1991. An diesem Tag wurde der Ort auf Beschluss des Gemeinderates von Marxwalde in Neuhardenberg zurückbenannt. Diesen Namen trug es seit 1815 auf Wunsch König Friedrich Wilhelms III. Die ursprüngliche Bezeichnung des auf wendische Wurzeln zurückgehenden, 1348 erstmals erwähnten Dorfes am Rande des Oderbruchs lautete Quilitz. Dort gab es im 14. Jahrhundert gleich drei Rittergüter mit den ursprünglichen Besitzern von Pfuel, von Beerfelde und von Schapelow. Nachdem Quilitz am Ende des Dreißigjährigen Krieges weitgehend entvölkert war, erwarb die zweite Gemahlin des großen Kurfürsten, Dorothea von Brandenburg-Schwedt, die Güter für ihren Sohn Albrecht. Nach dem Tod von dessen Sohn Carl Albrecht fiel Quilitz 1762 an die Krone.

Im folgenden Jahr gab es Friedrich der Große als Schenkung an den Generalleutnant Joachim Bernhard von Prittwitz. Dieser hatte ihn am Ende der katastrophalen Schlacht von Kunersdorf 1759 vor der Gefangennahme durch die Russen bewahrt. Prittwitz ließ sich zwischen 1780 und 1790 ein dreiflügeliges spätbarockes Herrenhaus erbauen, das den Kern des heutigen Gebäudes bildet. Von der ursprünglichen Absicht, einen zweigeschossigen Bau zu errichten, nahm er angeblich Abstand, nachdem ihn der große König anlässlich eines Besuches der Baustelle mit den Worten: »Prittwitz, Er baut ja ein Schloss. Er will wohl hoch hinaus«, vor allzu repräsentativen Plänen gewarnt hatte. So wurde einzig der dreiachsige Mitteltrakt zweigeschossig ausgeführt, ansonsten begnügte sich von Prittwitz mit einem steilen, ausgebauten Mansardendach, dass durch elegante Gauben belichtet wurde. Dass sich die Anekdote tatsächlich so abgespielt hat, wird gelegentlich angezweifelt – sie ist aber zu schön, um hier unterschlagen zu werden. Johann Bernhard von Prittwitz ließ ab 1790 auch einen englischen Park anlegen und dort das erste bekannte Denkmal für Friedrich II. aufstellen.

1797 übernahm Friedrich Wilhelm Bernhard von Prittwitz das Gut. Nachdem 1801 ein verheerender Brand weite Teile des Dorfes mit Ausnahme des Gutshauses zerstört hatte, wurde der junge Schinkel zunächst mit dem Neubau des Gutshofes, des Amtshofes und der Kirche beauftragt. Wegen zunehmender Konflikte mit

der Dorfbevölkerung über die Kosten des Wiederaufbaus verkaufte von Prittwitz das Gut 1811 an die Krone. 1814 erhielt es der soeben in den Fürstenstand erhobene Hardenberg als königliche Dotation. Ein Jahr später erfolgte die Umbenennung des Dorfes. 1820 begann Schinkel mit dem Umbau des Prittwitzschen Herrenhauses. Wie in Tegel war dieser so durchgreifend, dass das Haus heute als klassizistischer Neubau aus einem Guss erscheint. Dabei wurden der Grundriss und die Zimmerfolge des Vorgängerbaus weitgehend beibehalten. Schinkel stockte den Bau um ein Geschoss auf, das von einem flachen Walmdach bekrönt wird, verkleinerte die Fenster und gliederte die Fassade durch Sockel-, Gurt- und Kranzgesims mit Zahnschnittprofil sowie eine einheitliche Rustizierung. Eine ursprünglich angebrachte Attika-Balustrade musste 1852 aufgrund von Wasserschäden wieder entfernt werden.

Im Inneren dominieren farbig gefasste, teils stuckierte, teils glatt geputzte Decken und Wände, schachbrettartig verlegte Weichholzparkette und klassizistische Rundöfen mit

Oben: Kirche von Süden

Unten: Kirchenschiff von der Empore

◀ *Seite 131: Blick in den Ehrenhof*

Skulpturenaufsätzen. Gestalterischer Angelpunkt ist der große Gartensaal. 1821/22 legt Peter Joseph Lenné unter Beteiligung von Fürst Hermann von Pückler-Muskau, dem Schwiegersohn Hardenbergs, den Landschaftspark an.

Noch vor dem Schloss, das der 1822 verstorbene Hardenberg nicht mehr in Besitz nehmen konnte, wurde 1817 die Kirche eingeweiht. Nach dem Tod des Staatskanzlers fügte Schinkel auf der Chorseite einen Anbau in Form eines Antentempels als Grabstätte an. Das Herz wurde dem Leichnam zuvor entnommen und als »Reliquie« auf der Ruckseite des Altars platziert. Der Kircheninnenraum ist in seiner Gestaltung gelegentlich mit dem des abgerissenen Berliner Schinkeldoms verglichen worden. Anstelle korinthischer Säulen findet man hier geschnitzte kannelierte Pfeiler, und statt einer Kassettendecke besitzt die Neuhardenberger Kirche einen gemalten Sternenhimmel.

1843 ließ Carl Hildebrand Christian von Hardenberg, der Sohn Karl Augusts, den Obelisken auf dem Kirchenvorplatz aufstellen.

Die Enfilade

Die Familie von Hardenberg wurde wie alle märkischen Großgrundbesitzer im Rahmen der Bodenreform 1947 enteignet. Da jedoch Carl Hans Graf von Hardenberg als Mitverschwörer vom 20. Juli 1944 drei Jahre zuvor bereits von den Nazis enteignet worden war, erhielt die Familie entsprechend dem Einigungsvertrag nach der Wende ihre Liegenschaften in Neuhardenberg und Lietzen zurück. Carl Hans, dessen Beerdigung in »Marxwalde« 1958 vom damaligen Bürgermeister abgelehnt wurde – »Wir haben die Junker verjagt und wollen weder sie noch ihre Asche zurück.« –, konnte nun im Familienfriedhof beigesetzt werden. Das Schloss wurde in den fünfziger bis siebziger Jahren als Schule genutzt, der Gartensaal diente als Turnhalle. Der Schinkelsche Wirtschaftshof auf der Nordseite wurde 1953 abgerissen – 1960 wurden dort Plattenbauten errichtet. Der Obelisk wurde 1960 entfernt. Marxwalde sollte sozialistisches Musterdorf werden.

Nach der Rückübertragung veräußert die Familie das Gut Neuhardenberg an den Sparkassen- und Girover-

Oben: Gartensaal

Unten: Blauer Saal

band, der seinerseits 2001 die Stiftung Neuhardenberg gründete. Seit 1996 ist in Neuhardenberg Erhebliches geleistet worden: Nicht nur Schloss und Kirche wurden aufwendig restauriert, auch die Plattenbauten auf dem ehemaligen Gutsgelände sind beseitigt und an ihrer Stelle die alten Gutsgebäude äußerlich wieder aufgebaut und als Fünfsterne-Hotel erschlossen worden. Am südlich des Schlosses gelegenen Amtshof – in dem sich heute eines von zwei Restaurants befindet – wurde der vormalige Ochsenstall wieder erbaut und als Veranstaltungssaal eingerichtet. Hier, in der Kirche und im Park finden Konzerte, Theateraufführungen, Lesungen und Debatten statt. Das Schloss wurde nicht nur sorgsam restauriert, es wurde im auch Inneren teils mit zeitgenössischen Antiquitäten, teils mit nachempfundenen Rekonstruktionen stilgerecht eingerichtet und kann in der kalendarischen Sommerzeit jeden Sonntag besichtigt werden. Eine ständige Ausstellung informiert über die Geschichte Neuhardenbergs, wechselnde Sonderausstellungen widmen sich kunst- und kulturgeschichtlichen Themen.

Oben: Lennésche Sichtachse

Unten: Schlossteich mit Schloss

Petzow

Herrenhaus (Restaurant)

Man ist geneigt anzunehmen, dass sich ein von Karl Friedrich Schinkel erbautes Schloss inmitten einer weitläufigen, von Peter Joseph Lenné geschaffen Parkanlage in einer der schönsten, wenn nicht der schönsten Lage der Mark Brandenburg an einem der Havelseen südwestlich von Potsdam in königlichem Besitz befunden haben muss. Tatsächlich jedoch entstammte der Großgrundbesitzer Carl Friedrich August Kaehne, der sich das kleine Paradies zwischen Schwielow- und Glindowsee erschaffen ließ, einer einfachen Bauernfamilie, und seine Erhebung in den Adelsstand erfolgte erst im Jahre 1840. Als Lektüre über den erstaunlichen Aufstieg der Familie von Kaehne seien auch hier Fontanes »Wanderungen durch die Mark Brandenburg« empfohlen. Die aus Böhmen stammenden Kaehnes waren nach Quellenlage seit 1630 in Petzow ansässig. Wurzel ihres Wohlstands war der Ankauf von sehr viel Land während des Dreißigjährigen Krieges. 1827 wurde ihr damit zusammen getragener Grundbesitz zum Rittergut erhoben. Wirklich reich wurden sie jedoch nicht durch die Landwirtschaft, sondern durch die Ziegelbrennerei, die sie bereits seit 1734 betrieben. Fontane erlebte das Dorf »ganz als Industrie«, die durch »das nie verlöschende Feuer des Ziegelofens« geprägt war. Gleichwohl lobte er die im Vergleich zu Caputh überlegene landschaftliche Schönheit Petzows sowie den Rundblick. An Schloss und Kirche ließ er hingegen kein gutes Haar und erkannte ihnen gar das Prädikat Architektur ab! Die Kirche, die er auf einen Entwurf Stülers zurückführte, obwohl dieser in Wahrheit von Schinkel stammte, bezeichnete er als »hohle Nuss«.

Aus diesem Verdikt spricht sein grundsätzliches Vorurteil gegenüber der frühen, durch Schinkel geprägten preußischen Neu- und Tudorgotik, deren stilistische Eigenständigkeit und ästhetischen Reiz er nicht zu erkennen vermochte.

Mit dem Bau des Herrenhauses wurde ungefähr zur gleichen Zeit begonnen wie Schloss Babelsberg – etwa um das Jahr 1825. Die von Fontane angenommene, gelegentlich jedoch angezweifelte Urheberschaft Schinkels ist damit sehr wahrscheinlich. Petzow ist eines der ersten preußischen »Tudor-Schlösser«, dem später etliche nachfolgen sollten: Reichenow, Gusow, Kröchlendorff, Märkisch Wilmersdorf und andere. Typische Elemente dieses Stils sind der umlaufende Zinnenkranz, die schlanken, gleichfalls zinnenbekrönten Türmchen, die korbbogigen Portale des Mittelrisalits und die Stufengiebel. Die Grundform des Herrenhauses ist schlicht, aber wirkungsvoll. Durch die vier, den elfachsigen Mitteltrakt hervorhebenden schlanken Rundtürme und den vermutlich durch Einbeziehung eines Vorgängerbaus etwas außerhalb der Flucht stehenden, niedrigeren westlichen Seitentrakt, wirkt der zweigeschossige, Bau komplizierter als er tatsächlich ist. Die dem Park zugewandte Seite ist als Schaufassade ausgebildet. In den fünfziger Jahren des 20. Jahrhundert wurde das Herrenhaus durch einen östlichen Seitenflügel zu einer L-förmigen Anlage erweitert. Die auffälligen, barock anmutenden Fenstergitter an den östlichen Erdgeschossfenstern entstammen tatsächlich dem Barock. Wie schon Fontane herausfand handelt es sich um Spolien eines abgebrochenen Potsdamer

Bürgerhauses. An das Haus schließt sich westlich eine Parkmauer und eine Portalanlage mit Tudorbögen an. In den 1840er Jahren war auch König Friedrich Wilhelm IV. mehrmals auf dem Anwesen des von ihm geadelten Carl Friedrich August Kaehne zu Gast.

Der Hauptanziehungspunkt des ganzen Areals ist zweifellos der fünfzehn Hektar große Park. Dieser schöpft einen Großteil seiner Wirkung aus der spektakulären Lage, die Lenné wie stets geschickt zu nutzen verstand. Das Herrenhaus befindet sich auf einem aussichtsreichen Hügel, der nach Osten zum Schwielowsee und nach Süden zum Haussee – einem mitten im Park gelegenen kleinen See – abfällt, der vom Schwielowsee durch einen schmalen Landstreifen getrennt ist. Im Park befinden sich einige dekorative Kleinbauten, die teilweise gleichfalls Schinkel zugeschrieben werden: Schmiede, Fischerhaus, Waschhaus und andere. Auch Fontanes Abneigung gegen die Kirche auf dem Grelleberg, an dessen Hang sich einstmals die Ziegelei befand, ist für den heutigen Besucher schwer nachvollziehbar. Der

Oben: Herrenhaus, Fassadendetail

Unten: Dorfkirche von Süden

◀ *Seite 137: Herrenhaus von Südwesten*

1838 entworfene und 1841/42 ausgeführte Ziegelbau im Stil der italienischen Romanik, dessen besteigbarer Campanile mit dem Kirchenschiff durch eine Bogenhalle verbunden ist, bildet den westlichen Abschluss und die weithin sichtbare optische Dominante der Anlage. Im gleichen Stil entstand in den folgenden Jahren rund um die Potsdamer Havelseen eine Reihe weiterer Dorfkirchen. Die Turmaussicht ist so großartig, wie sie Fontane beschrieben hat.

Die Geschichte der Familie Kaehne endete glanzlos und tragisch. Der Verwalter und Onkel des letzten Besitzers Karl von Kaehne beging 1945 auf dem Gut Selbstmord. Karl von Kaehne selbst wurde verhaftet und starb im Konzentrationslager Sachsenhausen, dass nach dem Krieg von der sowjetischen Militäradministration noch einige Jahre weitergenutzt wurde. Das Innere des Herrenhauses, in dem sich der Gartensaal und die gartenseitige Enfilade erhalten haben, wird derzeit restauriert und künftig zusammen mit den angrenzenden Gutsgebäuden als »Schlosshotel« genutzt.

Oben: Blick über den Haussee zum Herrenhaus

Unten: Dampferanlegestelle am Schwielowsee

Philippsthal

Gutshaus (Wohnhaus)

Das kleine, schlichte Noblesse ausstrahlende Gutshaus am nordöstlichen Ende des typisch märkischen Straßendorfs ist ein interessanter Sonderfall. Über dem Hauptportal findet sich die verschnörkelte Inschrift »Friedrichshuld« – ein Wort, das hier zugleich Name und Programm war. Philippsthal war eines der Spinnerdörfer, die Friedrich der Große kurz vor Ausbruch des Siebenjährigen Krieges im Nuthetal anlegen ließ, um die Seiden- und Wollfabrikation in Brandenburg zu fördern. »Schloss Friedrichshuld«, wie das kleine Gebäude von den 190 Dorfbewohnern genannt wird, war also nicht Zentrum eines klassischen Landguts, sondern Wohnort und Verwaltungssitz des jeweiligen Besitzers der dazugehörigen Maulbeerplantage. Erster Eigentümer und Initiator des Projekts war der Feldpropst Decker, der vom König das Land für sein Projekt erhielt. Die Schenkung war per Erbverschreibung mit der Bedingung verknüpft, auf dem sechzig Morgen umfassenden Grundstück mindestens 2400 weiße Maulbeerbäume zu kultivieren und Seide zu produzieren. Da die aus subtropischen Gefilden stammenden Pflanzen das märkische Klima schlecht tolerierten, scheiterte Decker ebenso wie die vierzehn Gutsbesitzer, die sich nach ihm an der Seidenproduktion versuchten. Erst nach 1803 wurde die Erbverschreibung auf Druck des neuen Besitzers, des Saarmunder Amtmanns Treplin, aufgehoben.

Im August 1813 fand im Gutshaus die berühmte Lagebesprechung des preußisch-schwedischen Generalstabs statt, in deren Verlauf General von Bülow mit den Worten »Unsere Knochen sollen vor Berlin bleichen, nicht rückwärts« die Schlacht bei Großbeeren erzwang. Im Jahre 1820 gelangte das Ensemble in den Besitz von Friederike Müller, einer Ururgroßtante der heutigen Besitzerin Ingeborg Meyer geb. Allardt.

Wenngleich das zweigeschossige, siebenachsige, mit einem Krüppelwalmdach gedeckte Gebäude im Kern aus dem Jahr 1754 stammt, ist das heutige Erscheinungsbild wesentlich von der frühklassizistischen Umgestaltung geprägt, die der Gutsbesitzer Dietz vermutlich zwischen 1791 und 1798 durchführen ließ. Stilistisch deutet der Bau auf das Umfeld Friedrich Gillys. Das niedrigere Sockelgeschoss ist allseits durch eine Putzrustifizierung gegliedert, während die Beletage als einziges Schmuckelement kräftige Kaffgesimse aufweist. Die Mittelachse, in der sich die schönen geschnitzten Türen befinden, fluchtet auf beiden Seiten etwas aus der Fassade heraus.

Eingangshalle mit Rokokotreppe

◀ *Seite 141: Gutshaus, Straßenseite*

Das Innere des Haus ist zwar gleichfalls wesentlich durch die Veränderungen des späten 18. Jahrhunderts geprägt, weist aber noch zahlreiche Rokoko-Elemente auf wie die eindrucksvolle Treppe oder die teils verglasten Korbbogentüren. Die Räume präsentieren sich im Biedermeierstil. Spektakulär sind die großenteils erhaltenen und aufwendig rekonstruierten Putzmalereien vor allem im Gartensaal. Dort imaginieren die aufgemalten Wandflächen mit Durchblicken auf naturalistische Bepflanzungen und Landschaften einen geöffneten Gartenpavillon. Details wie das den Lichteinfall berücksichtigende Deckenmedaillon oder die botanisch bestimmbaren Blüten zeugen von hoher Kunstfertigkeit.

Auf der Gebäuderückseite befindet sich ein ebenfalls in den vergangenen Jahren weitgehend wiederhergestellter romantischer Landschaftspark, der nach Westen in die Ackerlandschaft übergeht. Das Herrenhaus wurde 1990 bis 2002 restauriert und präsentiert sich heute in vorzüglichem, bis in kleinste Details authentischem Zustand. Haus, Dorf und Park stehen unter Denkmalschutz.

Oben: Gartensaal

Unten: Gartensaal, Deckenmedaillon

Plessow

Herrenhaus (Bundesfinanzverwaltung)

Brandenburgs schönste Finanzbehörde liegt etwa zehn Kilometer westlich von Werder am Plessower See. Die Geschichte von Plessow ist schnell erzählt. Dorf und Rittergut Plessow gehörten von 1335 bis zum Ende des Zweiten Weltkriegs dem märkischen Adelsgeschlecht von Rochow. Diese verfügten über umfangreichen Landbesitz vor allem in der Zauche. Ihnen gehörten neben anderen die Güter in Reckahn, Kemnitz und Golzow. Bis ins 16. Jahrhundert lagen alle Besitztümer in einer Hand, nach 1520 spaltete sich die Familie durch Erbteilungen in verschiedene Zweige. Der Plessower Zweig galt stets als der wirtschaftlich solideste.

Die Anfänge des bestehenden Schlosses gehen auf Hans XIV. von Rochow zurück. Im Dreißigjährigen Krieg kämpfte er abwechselnd auf sächsischer und brandenburgischer Seite. Nach dem Einsturz eines nicht dokumentierten Vorgängerbaus, ließ er sich 1629–32 einen Renaissancebau errichten, der den Seitenflügel der heutigen Anlage bildet. Offensichtlich agierte Hans XIV., der es zum kurfürstlichen Amtshauptmann in Lehnin brachte, in dieser furchtbaren Zeit politisch geschickter als sein Landesherr Georg Wilhelm. Über größere Neubauprojekte ist aus dieser Epoche der allgemeinen Verwüstung sonst wenig bekannt.

Um 1780 ließ Hans Friedrich II. von Rochow, der im Siebenjährigen Krieg als Kommandant von Berlin gedient hatte, wesentliche Teile des zwischenzeitlich baufälligen Renaissanceschlosses abbrechen und dessen verbliebenen Trakt von einem zweigeschossigen, siebenachsigen Hauptflügel auf der Nordseite und einem übergiebelten, gleichfalls zweigeschossigen Kopfbau, der den Mittelrisalit des Hauptflügels widerspiegelt, auf der Südseite einrahmen.

Die Fassadengliederung des wohlproportionierten Baus ist repräsentativ und konservativ. Der wie üblich nicht namentlich bekannte Architekt verstand offenbar sein Handwerk. Er wählte eine elegante, stilistisch aber bewusst rückwärtsgewandte Formensprache. Anstelle des gegen Ende der 18. Jahrhunderts üblichen Zopfstilornamentik mit flachen Girlanden dominiert eine schwerer Barockklassizismus mit rustifizierten Pilastern, vollplastischen Fensterrahmen, Gesimsen u.ä. Das Gebäude ist im 19. Jahrhundert nur noch geringfügig verändert worden. Anstelle des Walmdachs wurde ein Mansarddach aufgesetzt, die Westfassade, in der sich der Haupteingang befindet, wurde geringfügig versetzt, und im Vestibül wurde eine Wand eingerissen und durch gusseiserne korinthische Säulen ersetzt.

An die dem Plessower See zugewandte Ostseite des Hauses schloss sich ein »sentimentaler« Landschaftspark an, der in der Nachkriegszeit für den Bau von Verwaltungsgebäuden genutzt wurde. Die Eigentümer wurden bereits 1945 enteignet. Das Herrenhaus gelangte in den Besitz der DDR-Zollverwaltung. Das Gebäude wurde als Verwaltungs- und Ausbildungsstätte genutzt und zu diesem Zweck im Inneren »funktional« umgestaltet. Nach der Plünderung und Verwüstung folgte die Zerstörung der ursprünglichen Raumfolge.

Nach der Wende behielt das Haus im Wesentlichen seine Funktion. Das Bundesfinanzministerium,

Fassadendetail

◀ *Seite 145: Herrenhaus von Süden*

das hier eines seiner drei Ausbildungszentren einrichtete, bewies durchaus einen sensiblen Umgang mit der Immobilie. 1999 bis 2004 wurde das Gebäude in mehreren Etappen denkmalgerecht restauriert. Die erhaltenen Raumstrukturen wurden soweit als möglich rekonstruiert, nachträglich eingefügte Zwischenwände und Deckenabhängungen entfernt, herausgerissene oder mit Linoleum überklebte Dielen und Parkette abgeschliffen oder erneuert, Nachkriegstapeten beseitigt. Der Deckenstuck wurde ausgekratzt und ergänzt und ebenso wie die Wandflächen so weit als möglich an die ursprüngliche Farbgebung angenähert. Das restlos vernichtete alte Treppenhaus wurde durch eine bewusst als Ergänzung kenntlich gemachte Neukonstruktion aus gefärbtem Beton ergänzt. Ähnlich wie etwa in Genshagen oder Berlin-Marienfelde musste auch hier der Spagat zwischen der historischen Bausubstanz und den funktionalen Anforderungen einer modernen behördlichen Nutzung bewältigt werden. Der Gegensatz zwischen den zweckmäßig-modernen Büromöbeln, Beleuchtungseinrichtungen, gläsernen Trennwänden u. dgl. ist zwar ebenso unübersehbar wie unvermeidlich, der perfekt rekonstruierten Architektur wurden aber keine irreversiblen Eingriffe zugemutet. Das Gebäude ist als Behörde naturgemäß nicht für öffentliche Besichtungen vorgesehen, Besucher können sich zu den Bürozeiten aber auf dem Areal frei bewegen und einen Blick ins Gebäudeinnere werfen.

Festsaal

Stuckdetail im Festsaal

Reckahn

Schloss (Rochow-Museum)

Etwa zehn Kilometer südlich der Stadt Brandenburg befindet sich am Ufer der Plane eines der wenigen märkischen Herrenhäuser, die heute museal genutzt werden. Streng genommen gibt es auf dem ehemaligen Reckahner Gutsgelände sogar zwei Herrenhäuser. Nördlich des bekannten Barockbaus liegt das »alte Herrenhaus« mit dem schönen Renaissancegiebel von 1605. Dieses wurde nach der Errichtung des neuen Herrenhauses in die Wirtschaftsgebäude einbezogen, die einst einen geschlossenen, nahezu quadratischen Hof bildeten.

Das Gut Reckahn gehörte zum Besitz der weit verzweigten Familie von Rochow, deren prominentestem Vertreter es auch seine heutige Zweckbestimmung verdankt. Es handelt sich um eines der ältesten Geschlechter in der Mark, das bereits im 12. Jahrhundert mit Albrecht dem Bären gegen die Wenden gekämpft hat. Nach der Christianisierung siedelten sie sich in der Zauche an. Der Renaissancebau war dementsprechend auch bereits ihr zweiter Wohnsitz in Reckahn. Er wurde für Tobias von Rochow durch einen namentlich nicht bekannten Wittenberger Baumeister errichtet. Ein spätmittelalterlicher Vorgängerbau befand sich möglicherweise an der Stelle des heutigen Schlosses. Im Jahre 1520 kam es zu einer Erbteilung zwischen den vier Söhnen Hans' VIII. von Rochow. Das Gebiet um das Planetal ging an Dietrich II. von Rochow.

Im Jahre 1713 übernahm der spätere preußische Kriegsminister Friedrich Wilhelm III. von Rochow die Güter Reckahn, Messdunk, Goltin, Rotscherlinde und Krahne. Friedrich Wilhelm ließ sich 1726–30 äußerlich weitgehend unveränderte heutige Schloss durch einen unbekannten Architekten im Schlüterschen Barockstil errichten. Zeitgleich entstand – vermutlich auf der Ostseite des Hauses – ein barocker Ziergarten. Der ungewöhnliche Putzbau ist eine etwa dreißig Meter lange eingeschossige Dreiflügelanlage mit beiderseits aus der Fassade fluchtenden Stummelflügeln unter einem Mansarddach. Seine architektonische Besonderheit ist ein zweigeschossiger, wie ein Corps de Logis hervorgehobener Mitteltrakt, in dem sich das Treppenhaus und die beiden Säle befinden. Die sich über elf Fensterachsen erstreckende Fassade ist durch Rustifizierungen, aufgeputzte Pilaster, Kaff- und Sockelgesimse mit Konsolen u.ä. zurückhaltend gegliedert.

Weitaus größere Bekanntheit als Friedrich Wilhelm erlangte sein Sohn Friedrich Eberhard von Rochow (1734–1805), der das Anwesen im Jahre 1760 übernahm. Er erlangte durch seine sozialen und vor allem pädagogischen Reformen sowie seine schriftstellerischen und aufklärerischen Aktivitäten Berühmtheit. Als Halberstädter Domherr hatte er Kontakt zu dem Intellektuellenzirkel um Johann Wilhelm Ludwig Gleim, und er verkehrte mit Persönlichkeiten wie Christian Fürchtegott Gellert, Friedrich Nicolai und Johann Bernhard Basedow. Besondere Verdienste erwarb er sich mit der Reform seiner Landschulen. Unter seinen zahlreichen Schriften wurde das Schullesebuch »Der Kinderfreund« (1776–80) europaweit bekannt. Seinem Reckahner Lehrer Heinrich Julius Bruns ließ er im Schlosspark ein Denkmal setzen. Das

Blick über die Plane auf das neue und das alte Herrenhaus

Rochow-Museum widmet sich im Schloss und im restaurierten Schulhaus dem Wirken dieses Mannes. Friedrich Eberhard von Rochow begann auch mit der Umwandlung des Lustgartens in einen u.a. als Wildgehege genutzten »Thiergarten« und einen Obstgarten. Im 19. Jahrhundert erfolgte die Umwandlung in den nach dem Ende der DDR wiederhergestellten »englischen« Landschaftspark.

Da Friedrich Eberhard kinderlos starb, fiel das Anwesen nach seinem Tod an die Erbengemeinschaft. Nach dem Zweiten Weltkrieg wurde das Landgut enteignet und das Herrenhaus – welche Ironie der Geschichte –

Friedrich Eberhard von Rochow

◀ *Seite 149: Herrenhaus von Südosten*

Obere Halle

Vestibül mit Treppe

als Schule genutzt. Das alte Herrenhaus und ein ehemaliger Stall wurden zu Wohnhäusern umgestaltet, die übrigen Wirtschaftsgebäude wurden abgerissen, so dass der ursprüngliche Charakter eines Landguts heute nicht mehr erkennbar ist. Im Inneren des Herrenhauses wurden die DDR-typischen »funktionalen Modernisierungen« vorgenommen. Nach Schließung der Schule im Jahre 1996 und des Hortes im Jahre 1998 wurde das Haus restauriert. Einige Räume, vor allem das Treppenhaus, wurden dem ursprünglichen Zustand nachempfunden und die Ausstellungsräume museal neu gestaltet.

Denkmal für
Heinrich Julius Bruns

Reichenow

Schloss (Hotel)

In der dünn besiedelten Landschaft am Rande des Oderbruchs etwa vierzig Kilometer nördlich von Fürstenwalde begegnet uns der wohl »stilreinste« Vertreter der märkischen Tudorgotik. Dies ist zum einen darauf zurückzuführen, dass Schloss Reichenow einer der letzten Repräsentanten dieses Architekturgenres ist, zum anderen spielt die Tatsache eine Rolle, dass es sich hier um einen völligen Neubau handelte und Bauherr und Architekt keine Rücksicht auf Maße und Mauerwerk von Vorgängerbauten zu nehmen brauchten.

Das Dorf Reichenow gehörte ursprünglich zum benachbarten Prötzel und wurde erst zum eigenständigen Gut, als der Freiherr Ernst Jacob von Eckardstein im Jahre 1801 der in finanzielle Bedrängnis geratenen Prötzeler Familie von Kameke ihren Landbesitz abkaufte. In den Adelsstand war der wohlhabende Spiegelfabrikant aus Hannoversch-Münden erst zwei Jahre zuvor durch Friedrich Wilhelm III. erhoben worden. Es dauerte nun jedoch noch fast ein Jahrhundert, bis Reichenow zu einem eigenen Schloss kam. August Friedrich von Eckardstein ließ es von 1897 bis 1900 für seinen Sohn Julius erbauen. So ungewöhnlich das Gebäude heute erscheint – in manchen Gazetten wurde auch der unvermeidliche Disneyland-Vergleich bemüht –, als so konventionell erweist es sich doch bei genauerem Hinsehen. Herrenhäuser dieses Typs wurden in Preußen im letzten Drittel des 19. Jahrhunderts fast »in Serie« gebaut. Nachdem die ersten durch die angelsächsische Gotik inspirierten preußischen Schlösser Babelsberg, und Petzow bereits in die 1820er Jahre datieren, begannen sich viele Adlige in der Spätphase des Historismus wieder diesem Stil zuzuwenden. Wurden die Zierformen der anverwandelten Stile in der Schinkel-Ära – der Phase des sogenannten romantischen Historismus – noch als relativ frei verfügbare Versatzstücke behandelt, tendierte der »strenge« späte Historismus stärker zu einer »authentischen«, am historischen Vorbild orientierten Formensprache. Unmittelbare Vorläufer des Reichenower Schlosses sind wohl die in den 1860er Jahren errichteten Schlösser in Hohenlandin in der Uckermark und Mehrenthin in der Neumark (heute Mierzecin, Polen). Vor allem von letzterem – heute vorzüglich restauriert und als Hotel genutzt – ist der Reichenower Bau erst bei genauem Hinsehen zu unterscheiden.

Schloss Reichenow ist eine streng symmetrische zweigeschossige Dreiflügelanlage mit dreigeschossigem Corps de Logis. Entworfen wurde der wohlproportionierte Bau von dem preußischen Hofbaurat Gerhard Hauer. Die einzige, als bewusstes Stilmittel eingesetzte Asymmetrie ist der wie in Mehrenthin auf der Nordseite angefügte oktogonale Turm. In seinem stilistischen Purismus wird das Schloss – das sich allerdings durch seine Grundrissdisposition zweifelsfrei als preußische Anlage des 19. Jahrhunderts »verrät« – wohl von kaum einem echten Tudorschloss erreicht. Der Bau enthält vom obligaten Zinnenkranz über Türme, Türmchen, Fialen und Zierschornsteine, Maßwerkzierbänder, Spitz- und Tudorbögen, durchbrochene Maßwerkbrüstungen und ähnlichem alle Ingredienzien, die man von einem solchen Bau erwartet.

Vestibül mit Treppe

◀ *Seite 155: Schloss von Westen*

Julius von Eckardstein war zugleich erster und letzter Schlossherr in Reichenow. Nach der Bodenreform fungierte das Haus als Flüchtlingswohnhaus, Schule und HO-Gaststätte. 1992 gelangte das stark ramponierte Herrenhaus – dessen Turm nicht mehr existierte – in den Besitz der Brandenburgischen Schlösserstiftung, die es in fünfjähriger Arbeit mitsamt dem zum Schlosssee hin gelegenen Landschaftspark umfassend sanierte.

1997 wurde das Schloss von zwei Berlinerinnen gepachtet, die es seither als Schlosshotel mit umfassendem Angebot (Tagungs-, Verwöhn-, Hochzeitshotel) betreiben. Das teils modern, teils mit antiken Möbeln geschmackvoll eingerichtete Interieur hat die Jahrzehnte der DDR-Zweckentfremdung in erstaunlich guter Verfassung überstanden. Das Haus besitzt noch den größten Teil seines reichen neogotischen Stucks, schöne, teilweise intarsierte Parkettböden, ein kunstvolles schmiedeisernes Treppengeländer und manch andere schmückende Details.

Oben: Café Orange

Unten: Obere Halle

Sallgast

Schloss (Restaurant)

Die wenigsten Besucher, die das in einen Landschaftspark eingebettete Renaissanceschloss besuchen, ahnen, dass das Haus im Sommer 1988 von der DDR-Denkmalliste gestrichen worden war. Der im Kern achthundert Jahre alte Bau liegt in einer braunkohlereichen Region im Elbe-Elster-Kreis und war daher bereits im 19. Jahrhundert in seiner Existenz bedroht. Das 1208 als Besitz eines »Wernerus von Salegast« erstmals erwähnte Schloss erhielt sein heutiges Aussehen weitgehend im 16. Jahrhundert. Die Geschichte des Hauses ist vor allem durch zahlreiche Besitzerwechsel geprägt. Die Entstehung des Renaissanceschlosses datiert in Herrschaftszeit der Familie von Kottwitz, die zwischen 1487 und 1652 von allen Bewohnern die längste Zeit hier verbracht hat. Das vierflügelige Schloss entstand um die Mitte des 16. Jahrhunderts unter Einbeziehung eines mittelalterlichen Vorgängerbaus. Die eindrucksvolle Anlage zeigt mit ihren mächtigen Ecktürmen, den spätgotische Formen zeigenden Schmuckgiebeln und dem ursprünglich vorhandenen Wassergraben ein festungsartiges Erscheinungsbild eindeutig sächsischer Provenienz. Die Formensprache des Giebelschmucks ist von den Gewölben der spätgotischen »obersächsischen« Hallenkirchen abgeleitet und findet sich im Übergang zur Renaissance an vielen sächsischen Profanbauten wie etwa dem Zwickauer Gewandhaus oder an Schloss Heynitz. Das etwa zur gleichen Zeit entstandene Schloss Moritzburg besitzt ebenfalls vier haubenbekrönte Ecktürme.

Nach dem Dreißigjährigen Krieg wechselte das Gut den Besitzer. Kurfürst Johann Georg I. schenkte es 1652 Joachim Georg von Rohr für seine Verdienste im Krieg. 1713 ging es an Johann Ernst Benisch, auf den 1742 der preußische Kommerzienrat Christian Jampert und 1839 Detlev von Einsiedel-Mückenberg folgten. 1866 erwarb es die Aktiengesellschaft Lachhammer, die in den Folgejahren die Wälder um das Schloss systematisch abholzte – möglicherweise damals schon in der Absicht, das Terrain bergbaulich zu nutzen. Die Braunkohlevorkommen in der Umgebung waren 1865 bekannt geworden. Eine Wende zum Besseren kam mit dem Erwerb des Objekts durch Baron Robert von Löbenstein, der das Gelände aufforsten und den Landschaftspark anlegen ließ. 1911 gelangte es in den Besitz des Kommerzienrats Max Abel, der vor allem das Interieur durch den Burgenforscher Bodo Ebhardt (1865–1945) im Jugendstil umgestalten ließ. Die bis dahin kargen Innenräume, deren einzig nennenswerter Schmuck aus einigen Rokokoöfen und -kaminen bestand, wurden nun u.a. mit hölzernen Wandverkleidungen, wappengeschmückten Kaminen, Buntglasfenstern, Parkettböden, Flügeltüren, Stuckdecken im gehobenen Wohnstil der späten Kaiserzeit ausgestattet.

Das Ende aristokratischer Repräsentation kam in Sallgast bereits vor dem Ende des Ersten Weltkriegs. Der neue Besitzer Johannes Schwarz ließ zwar 1917 auf der Nordseite eine Gartenterrasse anbauen, im gleichen Jahr wurde aber das Obergeschoss als Genesungsheim für verwundete Soldaten eingerichtet. Seit 1937 diente das Schloss als Mütter- und Kindererholungsheim, um dann 1943 im nächsten Krieg wieder in ein Lazarett umgewandelt zu werden. Nach

Foyer im Obergeschoss

◀ *Seite 159: Schloss von Südwesten*

Parkansicht mit Schloss ▶

dessen Ende entging es um ein Haar dem Abriss und knüpfte dann an die Tradition von 1937 an. Ab 1966 erhielt es dann die Funktion, die es auch heute noch hat – es wurde zur Gaststätte. Am 28. Juni 1990 fiel nach hartem Kampf engagierter Bürgerinitiativen die Entscheidung das Braunkohleflöz Sallgast nicht abzubaggern und Schloss, Park und Dorf zu erhalten. 1993 wurden im Schloss zusätzlich ein kleines Heimatmuseum und ein Standesamt eingerichtet. Am Rande des Parks wurde ein Hotel mit 27 Zimmern erbaut.

Siethen

Schloss (Jugendheim)

Das kleine, unweit des Berliner Südrings am Ufer des gleichnamigen Sees gelegene Dorf Siethen besitzt eine bauliche Attraktion, die man in den meisten älteren Reiseführern vergeblich sucht. Selbst der Dehio der Vorwendezeit erwähnt als einzige architektonische Sehenswürdigkeit der heute zu Ludwigsfelde gehörenden Gemeinde die frühgotische Dorfkirche. Siethens eindeutige Dominante ist jedoch der langgestrecke, einflügelige Bau des Schlosses, der im Verhältnis zu dem unbedeutenden Ort überdimensioniert erscheint. Wie viele andere an der Peripherie der Hauptstadt oder in deren weiterem Umfeld während der Kaiserzeit errichtete Bauten entstand auch dieser im Auftrag eines wohlhabenden Berliners. Fontane beschrieb in seinem umfangreichen Kapitel über Siethen und das zum gleichen Landgut gehörende Nachbardorf Gröben wie es zur Entstehung des Schlosses kam: »Zugleich aber war der Wunsch des Herrn von Jagow, seines Besitzes wieder los und ledig zu sein, der viel Anforderungen und wenig Erträge mit sich brachte, von Jahr zu Jahr gewachsen, und er verkaufte deshalb beide Güter im Jahre 79 für die Summe von 180 000 Talern an den Engroskaufmann Badewitz in Berlin. Seitens dieses letzteren ist, der kurzen Spanne Zeit unerachtet, bereits viel geschehen und (um nur eines zu nennen) ein geschmackvolles und modernen Ansprüchen mehr entsprechendes Herrenhaus in Siethen errichtet worden.«

Fontane widmete dem Gut Gröben/Siethen im Band »Spreeland« seiner »Wanderungen durch die Mark Brandenburg« mehrere Kapitel, nachdem er Gelegenheit erhalten hatte, die Kirchenbücher des Ortes – die als die ältesten der Mark gelten – zu studieren.

Ungeachtet der weit zurückreichenden Historie ist der Bau jedoch einer der jüngsten unter den hier behandelten. Als der Berliner Kaufmann Badewitz das Gut 1879 erwarb, tat er das nicht nur in der Absicht, sich hier einen repräsentativen Landsitz zu erbauen. Badewitz erwarb auch ein Landgut, dass er nach Kräften zu bewirtschaften suchte. Die von Fontane erwähnten wirtschaftlichen Probleme seiner Vorgänger stellten sich aber auch bei ihm bald ein. 1897 überschrieb er das Gut seinem Sohn Gottfried, der sich dort gleichfalls stark engagierte, an dem Ziel, mit seinen verschiedenen landwirtschaftlichen Unternehmungen kostendeckend zu arbeiten, aber scheiterte. Die Familie Badewitz investierte alljährlich erhebliche Summen und finanzierte auch den Wiederaufbau der abgebrannten Gröbener Dorfkirche. Leisten konnten sie es sich durch andere, erfolgreichere Projekte wie die Leitung des Teltowkanalbaus, die 1910 die Erhebung in den Adelsstand zur Folge hatte. Ab 1936 begannen sie das Gut stückweise zu veräußern. Auf Druck der Nationalsozialisten verkauften sie 1941 auch die restlichen Besitzungen.

Mit dem Auszug derer von Badewitz aus Siethen begann der Niedergang von Schloss und Gut. Das Haus wurde in den Kriegsjahren als Lazarett genutzt. In der DDR-Zeit diente es als Wohnhaus für Flüchtlinge aus den Ostgebieten. Heute fungiert es als Jugendheim und bietet dreißig Kindern Unterkunft und Ausbildung.

Mit der formalen Umwandlung ging leider auch eine gravierende Veränderung des Äußeren einher. Die »funktional« denkenden Repräsentanten des Arbeiter- und Bauernstaates ließen den ungewöhnlichen Dachstuhl abreißen und das Gebäude dafür um ein weiteres, flachgedecktes Geschoss aufstocken, dessen willkürlich eingefügte Fensteröffnungen keine Rücksicht auf die historische Fassadengliederung nehmen. Ungeachtet dieser entstellenden Veränderung wirkt der Bau nach außen noch immer als spätgründerzeitliches Herrenhaus. Wer glaubt, dass das Innenleben des Hauses nur noch DDR-Tristesse bieten kann, wird nach dem Betreten des Gebäudes schnell eines Besseren belehrt. Hier dominiert noch immer prachtvolles Jugendstilinterieur! Ist schon das weiß und hellgrau gehaltene Vestibül mit dem vorderen Treppenhaus überaus wirkungsvoll, so ist man beim Anblick des majestätischen Speisesaales sowie des netzgewölbten Kaminzimmers, das gleichzeitig als zweites Treppenhaus dient, schier sprachlos. Der vorzügliche Erhaltungszustand der wunderbar geschnitzten Eichenholzverkleidungen und die sauber gestrichenen Wandflächen und Stuckaturen zeigen, dass man die Jugendlichen hier offenbar zu verantwortungsvollem Umgang mit fremdem Eigentum anleitet.

Oben: Vestibül mit Treppenhaus

Unten: Kaminzimmer mit Treppe und Galerie

◀ *Seite 163: Schloss von Osten*

Speisesaal

Sommerswalde

Schloss (Dipankara-Zentrum)

Schloss Sommerswalde ist einer jener Bauten, die sich einer Kategorisierung weitgehend entziehen und zeigen, wie willkürlich die scheinbar klare Unterscheidung von Schloss, Herrenhaus, Villa und Stadtpalais ist. Weder die Funktionen eines Landgutes aufweisend, noch über den Status einer Residenz verfügend, kann es kaum anders denn als Schloss bezeichnet werden. Das Gebäude diente stets Wohn- und Repräsentationszwecken eines bürgerlichen Bauherrn.

Das verborgen im Wald gelegene Haus wurde 1891 gemeinsam mit den flankierenden Bauten für den Berliner Immobilienspekulanten Richard Sommer erbaut und von diesem nach sich selbst benannt. Sommer konnte vor allem durch die Wertentwicklung seiner Grundstücke beiderseits des Brandenburger Tores nach dem Bau des Reichstages sein bereits erhebliches Vermögen nochmals deutlich mehren. Offensichtlich in Anspielung auf diesen Erfolg ließ er sich im Schwantener Forst von den Architekten Hans Abesser und Jürgen Kröger einen Bau errichten, der durch Paul Wallots ersten Wettbewerbsentwurf für das Reichstagsgebäude inspiriert ist. Wenn auch die den Bau ursprünglich bekrönende Kuppel aus statischen Gründen in den 1920er Jahren entfernt wurde und das Sommerswalder Schloss nicht über eine Natursteinverkleidung verfügt, ist das Vorbild der Seitentürme und des kräftigen Mittelrisalits unverkennbar. Der Fassadenaufriss zeigt neben zahlreichen Übereinstimmungen wie der Säulengliederung, den teils rundbogigen, teils rechteckigen, von kräftigen Gesimsen eingefassten Fenstern oder dem rustifizierten Sockelgeschoss aber auch Abweichungen vom ausgeführten Reichstagsentwurf wie die zahlreichen Balkone und Altane.

Da das Gebäude die Nutzungen der DDR-Zeit – als Standort einer sowjetischen Kommandantur und später als FDJ-Schulungsstätte – in leidlicher Verfassung überstanden hat, ist der schwere neobarocke Prunk der 24 Innenräume noch zu erkennen. Vor allem der große Ballsaal ist – wenngleich die ursprüngliche Farbgebung ockerfarben übertüncht wurde – zumindest von nachträglich eingefügten Zwischenwänden und Treppen verschont geblieben. Mit seiner vollplastischen Stuckgestaltung an Wänden und Decken und dem alten Fischgrätparkett ist er noch immer außerordentlich wirkungsvoll. Hier fanden die Feste und Empfänge des exzentrischen Millionärs statt, bei denen auch der spätere türkische Staatsgründer Mustafa Kemal Atatürk (1881–1938) mehrfach zugegen war. Richard Sommers Hang zum Orientalischen zeigt sich auch an einem der Nebengebäude seines »Reichstages«, der Orangerie, die er in Form einer leider nur in entstellter Form erhaltenen Moschee errichteten ließ.

Nach der Wende wurde das Schloss mit Nebengebäuden und Landschaftspark von einer buddhistischen Gemeinschaft erworben, die seither in Eigenarbeit an der Restaurierung arbeitet. Wenngleich es formell nicht öffentlich zugänglich ist, verwehren die freundlichen Buddhisten niemandem den Zutritt.

Schloss von Südwesten ▶

Steinhöfel

Herrenhaus (Hotel)

Wenige Kilometer östlich von Fürstenwalde – leicht zu erreichen über die Abfahrt Fürstenwalde Ost der A 12 – findet sich ein frühklassizistisches märkisches Kleinod, umgeben von einer außergewöhnlichen Parkanlage. Die Stiftung Brandenburgische Schlösser hat hier von 1996 bis 2002 ein kleines Wunder bewirkt. Wer Haus und Garten noch Mitte der neunziger Jahre erlebte, konnte eigentlich keine Hoffnung mehr haben. Seit 2002 befindet sich hier eines der schönsten Schlosshotels der Mark Brandenburg, umgeben von einem der ersten »englischen« Landschaftsparks, den schon Fontane als »einen der Schönsten der Provinz« bezeichnete. Wenngleich das Haus als funktionaler Mittelpunkt eines Landguts zweifelsfrei ein Herrenhaus war, erscheint es durch seine isolierte Lage abseits des Dorfs und seine repräsentativ auftrumpfende Architektur wahrhaft als Schloss.

Die Geschichte des Gutes Steinhöfel prägten – abgesehen von zwei kurzen Intermezzi – zwei Familien. Vom Beginn des 14. Jahrhunderts bis zu ihrem Konkurs im Jahre 1775 gehörte es den von Wulffen, von 1790 bis 1931 war hier die Familie von Massow ansässig. Beide Familien unterhielten gute Beziehungen zum Herrscherhaus. So sind etwa Besuche Friedrichs des Großen und Friedrich Wilhelms III. nebst Gemahlin Luise dokumentiert.

Der Bau des heutigen Schlosses datiert unmittelbar in die Zeit nach dem Erwerb des Guts durch Valentin von Massow. Dieser gehörte der Preußischen Akademie der Künste an und wurde später »Intendant der Königlichen Schlösser und Gärten«.

Das Schloss wurde wahrscheinlich von 1790 bis 1795 von dem Massow nahestehenden preußischen Oberbaurat David Gilly und dessen Sohn Friedrich wohl unter Einbeziehung eines um 1830 entstandenen Vorgängerbaus errichtet. Die Gillys fügten an den klassizistisch umgestalteten zweieinhalbgeschossigen Haupttrakt zwei niedrigere symmetrische Seitenflügel an und schufen so eine Dreiflügelanlage mit Ehrenhof. Obgleich es 1843 durch Erhöhung des Mezzaningeschosses zu einem Vollgeschoss, die Zinnenbekrönung der zu Türmen erhöhten Seitenrisalite und 1880 durch eine neobarocke Fassadengestaltung nachhaltig verändert wurde, blieb der ursprüngliche Baukorpus strukturell erhalten. Zeitgleich mit dem Schloss erbauten Vater und Sohn Gilly auch die freistehende Bibliothek und das chinesische Gartenhaus im Park sowie das Amtshaus und den Dorfkrug im Dorf. Die Letzteren haben ihr Aussehen weitgehend bewahrt. Bemerkenswert ist vor allem die rund fünfzig Meter vom Schloss entfernt auf einer Terrasse über dem See liegende Bibliothek in Form eines »griechischen Prostylostempels«. Diese bildet vom Gartenportal aus gesehen ein optisches Gegengewicht zum Schloss.

Historisch mindestens ebenso bedeutend wie das Schloss ist der Landschaftspark, in dem es sich befindet. Er ist der zweitälteste (nach Alt Madlitz) seiner Art in der Mark Brandenburg. Geschaffen wurde er wohl von Johann August Eyserbeck (1762–1801), dem Sohn des Wörlitzer Gartenarchitekten Johann Friedrich Eyserbeck (1734–1818). Eine halbe Generation

Einfahrt zum Herrenhaus- und Parkareal

Bibliothek

vor den Schöpfungen Lennés und Pücklers entstanden, verfügt er bereits über alle Ingredienzien einer solchen Anlage, wie künstliche Teiche und Wasserläufe, malerisch in der Landschaft verteilte Baumgruppen und Büsche teils exotischer Provenienz, Sichtachsen mit Architekturelementen als Point de Vue und kunstvoll geschaffene Übergänge vom Landschaftspark in die Naturlandschaft oder landwirtschaftlich genutzte Flächen. Eyserbeck war auch an der Gestaltung der Parkanlagen der Schlösser Bellevue und Charlotten-

Blicke durch die Enfilade im Erdgeschoss

Blick vom Herrenhaus in den Park

◀ *Seite 169: Herrenhaus von Südosten*

burg in Berlin und am Neuen Garten und am Park Sanssouci in Potsdam beteiligt. Spektakulär ist bereits der von zwei 1792 geschaffenen Sphingen flankierte Eingang zum Park.

1930 verkauft die Familie von Massow das Gut für 750 000 Mark an den Landwirt Rudolf Peine, der fünfzehn Jahre später im Rahmen der Bodenreform wieder alles verlor.

Nach dem Krieg diente das Haus u.a. als Gemeindeverwaltung, Kindergarten, Wohnhaus und Arztpraxis. Die Bibliothek fand als Turnhalle Verwendung. In den 1990er Jahren wurde zunächst mit der Sanierung von Park und Bibliothek begonnen. Im Park wurden u.a. auch das nicht mehr vorhandene chinesische Gartenhaus sowie einige Brücken nach historischen Abbildungen rekonstruiert. 1998 ging das Schloss an die Brandenburgische Schlösser GmbH, die im Jahre 2000 mit der Restaurierung begann.

2002 verpachtete die Schlösser GmbH das außen wie innen gleichermaßen vorbildlich restaurierte Haus an einen privaten Hotelier, der hier seitdem ein Schlosshotel betreibt. Im Inneren beeindruckt die Enfilade prachtvoller Räume u.a. mit Intarsienparkett, farbig gefassten Stuckdecken, restaurierten oder rekonstruierten Türen, Fenstern und Beschlägen. Die Veranstaltungsräume und Gästezimmer sind teils mit Antiquitäten, teils mit geschmackvoll korrespondierenden modernen Möbeln ausgestattet.

Straupitz

Herrenhaus (Schule)

Gleichgültig von welcher Seite man sich dem am Nordrand des Spreewaldes gelegenen Dorf nähert, der Blick wird bereits von weitem von der von Karl Friedrich Schinkel errichteten Patronatskirche, der heutigen Dorfkirche gefesselt. Der steil aufragende Bau mit der markanten Doppelturmfassade thront wie eine Fata Morgana über den Dächern der Gemeinde, deren eintausend Einwohner hier fast zweimal Platz fänden, und wirkt in dieser Umgebung ein wenig deplaziert. Im Zusammenspiel mit dem Herrenhaus und der von zwei Obelisken gerahmten Schlossallee (Kirchstraße) verleiht sie dem Ortskern ein wenig den Charakter einer Residenz.

Das 1294 erstmals erwähnte Dorf wechselte bis in 17. Jahrhundert hinein mehrfach die Herrschaft. 1655 gelangte es durch Kauf als Freie Standesherrschaft in den Besitz des aus Grimma stammenden Christoph von Houwald (1601–1661). Der Sohn eines Tuchmachers verdankte seinen Aufstieg den Wirren des Dreißigjährigen Krieges. Er hatte sich auf schwedischer Seite militärische Verdienste erworben und wurde von König Karl X. Gustav dafür geadelt. 1648 wechselte er in die preußische Armee und erhielt vom Großen Kurfürsten die Erlaubnis, das ostpreußische Gut Maldeuten zu erwerben. Um die Mitte des 16. Jahrhunderts existierte in Straupitz bereits ein von einem Wassergraben umgebenes Renaissanceschloss, an dem verschiedene Generationen derer von Houwald Veränderungen vornahmen. 1798 ließ Karl Gottlob Willibald von Houwald das alte Schloss abreißen und an seiner Stelle einen stilistisch zwischen Spätbarock und Frühklassizismus stehenden einflügeligen Neubau mit Mansarddach errichten. Die Fassaden des zweigeschossigen Herrenhauses sind durch die kaum merklich hervortretenden Risalite mit Erdgeschossrustizierungen, Fensterlaibungen und -gesimsen, Zahnschnittprofilen am Kranzgesims und im Dreieckgiebel sowie einfachen Freitreppen sparsam gegliedert. Im Inneren sind vor allem das Treppenhaus und der große Festsaal im Obergeschoss bemerkenswert.

Die von Houwald spielten 1815 auch eine wichtige Rolle beim Übergang der Niederlausitz an Preußen. 1826 gelang es dem als Dichter zu Bekanntheit gelangten Ernst von Houwald, den mit ihm befreundeten Karl Friedrich Schinkel als Architekten für eine neue Patronatskirche zu gewinnen. Von 1828 bis 1832 entstand die klassizistische Saalkirche unter der Leitung des Baukondukteure Reichhard und Robeinsky. Die Straupitzer Kirche ist einer der größten Kirchenbauten Schinkels. Die nachfolgend errichteten Berliner Vorstadtkirchen waren deutlich kleiner und turmlos. Eine ähnlich monumentale Doppelturmfassade findet man an der kurz zuvor errichteten Friedrichwerderschen Kirche in Berlin, die stilistisch jedoch nicht vergleichbar ist. Schinkels sakrales Formenrepertoire changierte von der Antike über die oberitalienische Romanik bis zur Gotik. In Straupitz entschied er sich für die klassische Variante. Als Grundform wählte er eine flach gedeckte Halle mit eingezogenem Rundchor und Emporen zwischen den rundbogigen Arkaden. Die nach der Wende restaurierte Bemalung ist schlicht gehalten. Die Ausrichtung der Kirche wurde gegenüber dem abgerissenen Vorgängerbau etwas ver-

ändert, um eine Ausrichtung der Fassade zum Herrenhaus zu erreichen.

Herrenhaus und Kirche haben die DDR-Jahre in leidlicher Verfassung überstanden und wurden in den neunziger Jahren umfassend restauriert. Das Herrenhaus wird wie vor der Wende als Schule genutzt und ist nicht öffentlich zugänglich. Der optische Bezug zum zwölf Hektar großen Landschaftspark wurde durch den Bau einer Turnhalle zerstört. Im Südwesten des sonst gut erhaltenen von alten Baumgruppen und Teichen geprägten Parks wurde nach dem Krieg ein Fußballplatz angelegt.

Links: Kirche von Südwesten

◀ *Seite 173: Herrenhaus von Süden*

Kirche, Inneres nach Osten

Wiepersdorf

Schloss (Künstlerhaus/ Museum)

Wer von Berlin kommend über Jüterbog auf Wiepersdorf zufährt, ist lange im Zweifel, ob er sich tatsächlich auf dem richtigen Weg befindet. Die schon immer karge Landschaft des Niederen Flämings hat durch die großflächige Flurbereinigung der DDR-Landwirtschaft nicht eben gewonnen, und die eintönigen Flächen wollen nicht recht zu dem Bild passen, das man sich von einem Künstlerschloss der Romantik macht. Am Ziel angelangt, wird die Erwartung dann doch erfüllt. Auf der Westseite des schmucklosen Dorfes am Rand eines Kiefernwaldes findet sich eines der schönsten barocken Herrenhäuser der Mark Brandenburg mit einer überaus reizvollen Gartenanlage. Obgleich kaum ein Bau so sehr mit dem Namen von Arnim verknüpft ist wie Wiepersdorf, gelangte das Gut erst spät in den Besitz der weit verzweigten Familie, deren Besitztümer überwiegend in der Uckermark angesiedelt waren. Im Jahre 1780 kaufte Joachim Erdmann von Arnim das Ländchen Bärwalde, zu dem Wiepersdorf gehörte, für 98 000 Taler. Der Vorbesitzer Gottfried Emmanuel von Einsiedel hatte sich dort 1734 bis 1736 ein Herrenhaus mit zwei zunächst noch unverbundenen Seitenflügeln errichtet, das den Kern der heutigen Anlage bildet. Die Verbindung zwischen den drei Trakten ließ dann Joachim von Arnim, der als preußischer Kammerherr, Gesandter Friedrichs des Großen und als Intendant der Berliner Theater Ruhm erlangte, durch zwei turmartige Einfügungen vornehmen.

Nach dessen Tod im Jahre 1804 ging das Gut zu gleichen Teilen auf die Söhne Achim und Otto von Arnim über. Nach der 1811 erfolgten Heirat Achims mit Bettina Brentano, der Schwester des Dichters Clemens Brentano, wählte das junge Paar Wiepersdorf als Wohnsitz. Während Bettina sich hier langweilte und – auch um den sieben Kindern eine gute Schulbildung zu ermöglichen – alsbald nach Berlin umzog und nur gelegentlich in Wiepersdorf verweilte, lebte ihr dichtender Gemahl das Leben eines Gutsherrn. Aus der räumlichen Trennung des Paares resultierte der berühmte, späterhin veröffentlichte Briefwechsel. Nach Achims frühem Tod im Jahre 1831 beginnt Bettina eine eigene schriftstellerische Laufbahn. Sie wird nach ihrem Tod 1859 neben ihrem Gemahl auf dem Wiepersdorfer Friedhof beigesetzt.

Bauliche Veränderungen gab es in Wiepersdorf erst, als 1870 der Enkel des Dichterpaares, der Maler Achim von Arnim-Bärwalde (1848–1891), das Gut übernahm. Achim ließ 1877 den nördlichen Flügel neu erbauen, mit einer von ihm selbst ausgemalten Atelierhalle ausstatten und die beiden Seitenflügel äußerlich angleichen. Er ließ auf der Gartenseite einen sandsteinernen Balkon an den Mittelrisalit anfügen und im gleichen Stil die Freitreppe und die Terrasse mit der vasengeschmückten Balustrade erbauen. Im Jahre 1888 entstand die heute als Café genutzte neobarocke Orangerie. 1894 wurde die im Kern mittelalterliche Kirche nach Plänen des drei Jahre zuvor verstorbenen Malers so durchgreifend verändert, dass sie heute als ein Produkt des 19. Jahrhunderts erscheint. Im Park ließ Arnim-Bärwalde die Bereiche beiderseits des wundervollen Ziergartens als Landschaftspark gestalten und das ganze Gelände mit Skulpturen,

ausschmücken, die überwiegend von Alexander Calandrelli (1834–1903) angefertigt wurden. Durch diese geschickt eingefügten Veränderungen tritt das ursprünglich schlichte Gut heute fast mit dem Repräsentationsanspruch einer herrschaftlichen Residenz auf.

Nach dem Zweiten Weltkrieg diente das Haus kurzfristig der sowjetischen Kommandantur als Unterkunft. Ab 1946 erhielt das Haus eine Zweckbestimmung, die es in ähnlicher Form noch heute erfüllt. In Anknüpfung an die literarische Tradition ihrer vormaligen Besitzer richtete man im Schloss ein Dichterheim ein, das Schriftstellern und Dichtern für eine gewisse Zeit als Unterkunft und Inspiration dienen sollte. Zu DDR-Zeiten verbrachten hier neben anderen Anna Seghers, Arnold Zweig und Sarah Kirsch einige Wochen. Das Schloss wurde mehrmals umgebaut und die Arminsche Bibliothek nach Weimar verbracht.

Nach der Wiedervereinigung wurde das Haus saniert und als »Künstlerhaus Schloss Wiepersdorf« auch für Künstler anderer Sparten für mehrmonatige Stipendienaufenthalte geöffnet. Die Einrichtung wurde bis 2004 zunächst von der Stiftung Kulturfond und wird nach vorübergehender Schließung

Oben: Schlossteich

Unten: Gartensaal im Schloss

◀ *Seite 177: Schloss von Südwesten*

seit 2006 von der Deutschen Stiftung Denkmalschutz betrieben. Im Haus finden regelmäßig Ausstellungen, Konzerte, Lesungen und Seminare statt. Im Nordflügel ist ein kleines Museum über das künstlerische und gesellschaftliche Wirken der Dichter und Maler aus der Familie von Arnim in Wiepersdorf untergebracht. Im reich mit Barock- und Biedermeiermöbeln ausgestatteten Gebäudeinneren sind nach den Umgestaltungen des 20. Jahrhunderts vor allem der Gartensaal mit den granitgerahmten Kaminen und die Atelierhalle mit der originalen Bemalung Achims von Arnim-Bärwalde außerordentlich eindrucksvoll und gut erhalten.

Oben: Erbbegräbnis der Familie von Arnim an der Kirche

Unten: Skulpturen im Park

Wiesenburg

Schloss (Museum, Wohnungen, Büros)

Die westlichste der drei Burgen im »Burgendreieck« aus Belzig, Rabenstein und Wiesenburg im Hohen Fläming bildet zusammen mit ihrem Landschaftspark ein bemerkenswertes Gesamtkunstwerk. Der Park gilt als der bedeutendste seiner Art zwischen Sanssouci und Wörlitz und verdient mindestens ebenso viel Aufmerksamkeit wie das Schloss, das an seiner Nordseite auf einem Hügel thront. Letzteres wurde zwar zwischen 1997 und 2003 äußerlich denkmalgerecht saniert, da sich aber in seinem Inneren nach jahrzehntelanger Nutzung als Internat nichts Schlossartiges erhalten hat, ist es heute nur mehr historische Kulisse für die Besucher der wundervollen Parkanlage.

Die Geschichte Wiesenburgs lässt sich bis ins 12. Jahrhundert zurückverfolgen. Als das »burgwardium wiesenburch« im Jahre 1161 erstmalig erwähnt wurde, war der Fläming bereits von dem Askanier Otto, dem Vater Albrechts des Bären, unterworfen worden. 1180 ging die Grafschaft Belzig an Sachsen und verblieb dort bis zum Wiener Kongress. Das heutige Schloss ist ungeachtet seines relativ homogenen Erscheinungsbildes eine gewachsene Anlage, an der viele Generationen von Besitzern immer wieder Veränderungen vornahmen. Obwohl auf den Fundamenten der alten Burg errichtet, ist der einzig erhaltene mittelalterliche Bauteil der 48 Meter hohe Bergfried, der die Anlage im Nordwesten weithin sichtbar dominiert. Im Jahre 1456 wurde Christoph Friedrich von Brand mit Wiesenburg belehnt. Die Brands begannen damit, die mittelalterliche Burg zu einem Schloss umzubauen, dass 1547 im Schmalkaldischen Krieg von spanischen Söldnern zerstört wurde. Im letzten Drittel des 16. Jahrhunderts entstand in der Folge das Renaissanceschloss, das im Dreißigjährigen Krieg wiederum niedergebrannt wurde, von dem sich aber Teile in dem bestehenden Bau erhalten haben wie das Torhaus (»Männekentor«), das Brunnenhaus sowie einige veränderte Portale. 1682 wurde auf der Nordostseite das Vorschloss errichtet. Zwischen 1718 und 1743 wurden zwei Schlossflügel abgebrochen und neu errichtet.

1765 gelangte die Familie von Watzdorff per Heirat in den Besitz Wiesenburgs. Südwestlich des Schlosses befand sich seit dem 18 Jahrhundert ein Tiergehege. Vermutlich in den dreißiger Jahren des 19. Jahrhunderts wurde unter der Leitung des Obergärtners Kegel mit der Anlage des Landschaftsparks begonnen. Die Entstehung des Parks, wie wir ihn heute kennen, datiert jedoch erst in die Zeit nach 1863, als der 24-jährige Curt Friedrich Ernst von Watzdorff sein Erbe als Guts- und Schlossherr antrat. Watzdorff konnte sich bei der Neugestaltung des Areals keines der preußischen Hofgärtners bedienen, sondern verwirklichte seine Ideen nach Studienreisen u.a. nach England, Frankreich und Italien als Autodidakt gemeinsam mit seinem Förster Karl Gebbers. Dabei ist ihm ein gärtnerisches Kunstwerk mit zwei großen und mehreren kleineren Seen, künstlichen Wasserläufen und Baumgruppen entlang von wohlberechneten Sichtachsen gelungen, das in einer Reihe mit den Schöpfungen Lennés und Pücklers steht. Die teils exotischen Gehölze wurden großenteils aus England und Belgien eingeführt.

Zeitgleich mit dem Park ließ Watzdorff auch das Schloss umbauen. Von 1863 an wurde es zunächst

Fassadendetail des Schlosses

Vorschloss

unter der Leitung des Semperschülers Oskar Mothes (1828–1903) und seit 1868 durch den Berliner Architekten Hense im sächsischen Neorenaissancestil durchgreifend erneuert. Der Burggraben wurde aus statischen Gründen zugeschüttet und als Altan erschlossen. Mit dem Tod Curt Friedrich Ernst von Watzdorffs im Jahre 1881 waren die Arbeiten an Schloss und Park im Wesentlichen abgeschlossen.

Nach dem Ende des Zweiten Weltkriegs wurde das äußerliche unbeschädigte Schloss wie üblich restlos geplündert. Das kleine Museum am Schlossturm zeigt unter anderem einige historische Fotos, auf denen sich die verlorene Pracht der historischen Räume bewundern lässt. Von 1946 bis 1992 war im Gebäude eine Oberschule mit angeschlossenem Gymnasium untergebracht. Das Gebäude überstand die DDR äußerlich in leidlichem Zustand. 1996 gelangte es in den Besitz einer Investorengemeinschaft, die es bis 2003 umfassend sanierte und für Wohn- und Büronutzungen umgestaltete. Die Sanierung des Landschaftsparks hatte bereits zu DDR-Zeiten begonnen. Als der Park in den achtziger Jahren zunehmend verwilderte, die Seen teils verlandeten und zuwuchsen, wurde 1986 mit der Rekonstruktion begonnen. Trotz gelegentlicher finanzieller Engpässe präsentiert sich der Park mit Schlosssee, Inselsee, Winkelteich und einigen kleineren Seen wieder in alter Schönheit.

Links: Schlosshof mit Bergfried

◀ *Seite 181: Schloss von Süden*

Parkansicht

Wolfshagen

Schloss (Museum)

An der äußersten nordwestlichen Peripherie des behandelten Gebietes, fast schon in Mecklenburg und doch über die A24 gut erreichbar, befindet sich ein neuerlich erschlossenes Juwel unter den märkischen Landschlössern. Angesichts seiner exponierten Lage abseits der Wirtschaftsgebäude des dazu gehörenden Landgutes und aufgrund seiner repräsentativen Erscheinung kann man dem Gebäude die Bezeichnung Schloss kaum versagen. Das Gut Wolfshagen gehörte von der askanischen Ostkolonisation bis zur »demokratischen Bodenreform« demselben alteingesessenen märkischen Adelsgeschlecht. Die Familie mit dem ungewöhnlichen Namen Gans Edle Herren zu Putlitz stammte ursprünglich aus der Altmark und schuf sich seit dem 12. Jahrhundert in der nördlichen Prignitz entlang der Stepenitz einen Herrschaftsbereich, zu dem auch Perleberg, Wittenberge, Lenzen, Pritzwalk und Grabow gehörten. Sie gehörte über Jahrhunderte zu den bedeutendsten Familien in der Mark und besaß seit 1373 die Erbmarschall-Würde der brandenburgischen Kurfürsten. In dieser Funktion vertraten sie Brandenburg gelegentlich bei den Kaiserwahlen in Frankfurt am Main. Mit dem Auftreten der Hohenzollern in der Mark begann der allmähliche Bedeutungsverlust der Gänse zu Putlitz, der sich mit dem Dreißigjährigen Krieg beschleunigte. Zu Beginn des 15. Jahrhunderts gehörte Caspar Gans zu den »Raubrittern« unter der Führung der Quitzows, die in militärische Auseinandersetzungen mit dem ersten Hohenzollern Friedrich I. verwickelt waren. Im Jahre 1489 gab es eine Erbteilung in eine »rote« und eine »schwarze« Linie. Wolfshagen wurde zwischen den beiden Linien aufgeteilt.

In Wolfshagen existierte seit dem 12. Jahrhundert eine Wasserburg an der Stepenitz, von der noch Gewölbereste im Westflügel des heutigen Schlosses erhalten sind. Zu Beginn des 16. Jahrhunderts wurde ein vierflügeliges Renaissanceschloss mit Hof errichtet, dessen Aussehen nicht überliefert ist. Im Dreißigjährigen Krieg wurde das Schloss geplündert und verwüstet. Es dauerte lange, bis das Haus wieder bewohnbar gemacht wurde. Im Jahre 1731 erbte Christian Ludwig Gans zu Putlitz das Gut Wolfshagen. Dessen Sohn Albrecht Gottlob begann 1771 zunächst mit dem Abriss des Renaissancebaus und in der Folge mit der Errichtung des zunächst wohl

Grüne Kaminstube

◀ *Seite 185: Schloss von Südosten*

dreiflügelig geplanten, aber schließlich nur zweiflügelig zur Ausführung gelangten Barockschlosses. Bis zum Beginn des 20. Jahrhunderts wurden am Schloss keine bedeutenden baulichen Veränderungen vorgenommen. Von 1852 an wurde beiderseits der Stepenitz durch Peter Joseph Lenné ein Landschaftspark angelegt, von dem nach der Wende nur ein kleiner Rest südlich des Schlosses rekonstruiert werden konnte. Im Jahre 1911 ließ Hans Albrecht zu Putlitz anlässlich seiner Eheschließung die Fassade des Schlosses im Neobarockstil umgestalten und vor dem Schlossportal einen dorischen Säulenaltan anfugen.

Nachdem die Familie von Putlitz 1945 aus dem Haus vertrieben worden war, wurde es von der Roten Armee geplündert und verwüstet. Albrecht zu Putlitz konnte nur wenige Stücke der einst reichen Ausstattung in Sicherheit bringen. Die DDR-Jahre brachten die üblichen Gebäudenutzungen als Flüchtlingsheim und später als Zentralschule mit den entsprechenden Folgen für das Haus und sein Umfeld. Die alten Tapeten und Öfen wurden entfernt, die Haupttreppe, der Altan, die Schornsteine und die Dachgauben wurden beseitigt, die alten Familienakten wurden vernichtet und der größte Teil des Landschaftsparks wurde gerodet und bebaut. 1982 wurde die Schlosskirche abgerissen.

Bibliothek (ehem. Schlafzimmer)

Blick durch die Enfilade

Vestibül

Obere Halle

Wer heute Wolfshagen besucht, hat Schwierigkeiten, sich die jahrzehntelange Agonie vorzustellen. Nachdem die Schule im Jahre 1998 geschlossen worden war, begann unter Leitung von Bernhard von Barsewisch und mit Beteiligung der Familie von Putlitz die durchgreifende Sanierung des Gebäudes und die Umwandlung in ein Schlossmuseum. Dabei entschied man sich dafür, das Gebäudeäußere in den ursprünglichen Barockzustand zurück zu versetzen. Dies bedeutete den Verzicht auf den Portalaltan, die Wiederherstellung der ursprünglichen schlichten Putzgestaltung und ihrer vormaligen ockerroten Färbung sowie die Wiederherstellung des schlanken Uhrengiebels über dem Hauptportal

KPM-Vedutenvase

anstelle des wuchtigen historistischen Rundbogens.

Die größten baulichen Herausforderungen im Inneren des Schlosses waren die Rekonstruktion der zerstörten Treppe, die Gestaltung einer Schlosskapelle mit den erhaltenen Teilen aus dem 1982 abgebrochenen Gebäude im ehemaligen Kinderzimmer, die Nachbildung der verlorenen Türen, Fenster, Schlösser und Beschläge, sowie die weitgehende Wiederherstellung der ursprünglichen Farben und der teilweise unter den DDR-Tapeten erhaltenen Bemalungen. Mit Unterstützung der Deutschen Stiftung Denkmalschutz konnten die wenigen erhalten Ausstattungsstücke aus dem Besitz der Familie von Putlitz sowie einige von

Gartensaal

ehemaligen Flüchtlingen zurückgegebene Möbel mit stilistisch passenden Antiquitäten aus dem Kunsthandel ergänzt werden, so dass sich das Haus dem heutigen Besucher als ein authentisch eingerichtetes Barockschloss präsentiert. Bemerkenswert sind neben dem Treppenhaus und den beiden damit verbundenen Sälen vor allem der Ess- und Ahnensaal, die grüne Kaminstube sowie der Gartensaal. Im Obergeschoss ist heute außerdem die umfangreichste Sammlung von Porzellan mit Blaumalerei aus dem Besitz Bernhard von Barsewischs untergebracht. Im Schloss finden regelmäßig Konzerte und Lesungen statt.

Wulkow

Schloss (Hotel)

Etwa fünf Kilometer westlich von Neuhardenberg am Rande des Oderbruchs befindet sich eines der ersten nach der Wiedervereinigung eröffneten märkischen Schlosshotels. Wenn auch der Ort, der zusammen mit den Dörfern Trebnitz und Hermersdorf ein gemeinsames Gut bildete, auf eine lange Geschichte zurückblicken kann, wurde das Herrenhaus erst kurz vor dem Ersten Weltkrieg vollendet.

Seit dem 14. Jahrhundert der Familie von Scharpeloh gehörend, gelangte das Landgut durch die 1746 erfolgte Heirat Margarete Tugendreich von Scharpelows mit Georg von Derfflinger in den Besitz des späteren preußischen Generalfeldmarschalls. Nach dem Tod von Derfflingers kinderlos gebliebenem Sohn ging das Gut an dessen Schwiegersohn Georg Friedrich von Zieten. 1792 erwarb der Halberstädter Domherr Albrecht Wilhelm von Pannewitz bei einer Versteigerung die drei Dörfer für 109 000 Taler. Nachdem auch dieser im Jahre 1825 kinderlos verstarb, erbte sein Schwager Carl Otto Magnus von Brünneck seinen Besitz. Bis zum Ende des Zweiten Weltkriegs blieb das Gut Eigentum der Familie von Brünneck.

Nach 1945 musste das Haus die DDR-typischen Nutzungen über sich ergehen lassen. Aufgrund seiner Größe wurde es nicht nur als Flüchtlingsheim und Schulungsstätte, sondern temporär sogar als Krankenhaus verwendet.

Im August 1992 erwarb die aus dem Münsterland stammende Familie Heselhaus, die über langjährige Erfahrungen in der Hotellerie verfügte, das Wulkower Herrenhaus von der Treuhand. Nach aufwendigen Sanierungsarbeiten konnte zwei Jahre später das »Parkhotel Schloss Wulkow« eröffnet werden.

Das Gebäude wurde ursprünglich in zwei Etappen erbaut. Noch bevor die von Brünneck daran gingen, das Trebnitzer Herrenhaus ihren Vorstellungen entsprechend zu modernisieren, ließen sie sich hier 1868 einen repräsentativen Neubau errichten. In Jahren 1912/13 wurde dieser nochmals durchgreifend im Jugendstil umgestaltet. Das Wulkower Schloss ist ein mächtiger zweigeschossiger Einflügelbau mit ausgebautem Mansarddach. Die 19-achsige Fassade wird durch einen breiten Mittelrisalit mit einem vorgesetzten dorischen Säulenaltan gegliedert, der ein großes Thermenfenster im Giebel trägt. Das Gebäude verfügt über eine Reihe ansehnlicher großer Säle, die auch seine jetzige Nutzung als Tagungs- und Veranstaltungshotel begünstigen. Bemerkenswert sind auch das heute als Hotelhalle und Rezeption genutzte Vestibül mit dem Kamin, der das Wappen derer von Brünneck und das Datum 1913 zeigt, das schöne Jugendstiltreppenhaus mit großem Buntglasfenster und der Mittelsaal im Obergeschoss.

Schloss von Südosten ▶

Eingangshalle

Saal im Obergeschoss

Kurzporträts

Altranft

Herrenhaus (Brandenburgisches Freilichtmuseum)

Die Geschichte des Herrenhauses in Altranft ist komplizierter, als sein neobarockes Erscheinungsbild vermuten lässt. Die häufig wechselnden Besitzer hinterließen jeweils ihre Spuren. In den Kellergewölben finden sich Hinweise auf einen Bau der Familie von Pfuel – die hier bis 1665 lebte – aus dem frühen 16. Jahrhundert und einen Erweiterungsbau des Oberst Wolf Friedrich von Bomsdorf aus dem Jahre 1678. Im 18. Jahrhundert gehörte das Gut mit dem damaligen Fachwerkbau der Familie des Geheimen Finanzrats Samuel von Marschall, die ihn 1734 barockisieren ließ. Die Marstalls veräußerten das Anwesen 1819 an den Rittmeister Wilhelm Werner Graf von Hacke. Edwin Graf von Hacke ließ den südlichen Anbau 1876 abreißen und durch einen Neubau in Formen des französischen Barocks ersetzen. Der schlichte barocke Altbau bildet heute dessen nördliche Verlängerung und wird von dem Neubau von Süden vollständig verdeckt. Dieser ist eine zweigeschossige Dreiflügelanlage mit reich verzierten Fassaden unter einem ausgebauten schiefergedeckten Mansardendach mit eleganten Lukarnen. Der Ehrenhof ist als Terrasse mit begrenzender Balustrade gestaltet.

Nach den üblichen DDR-Nutzungen ging das relativ gut erhaltene Gebäude 1992 in den Besitz der Gemeinde über, die hier seit der Restaurierung in den neunziger Jahren das Brandenburgische Freilichtmuseum Altranft und ein Café betreibt. Die prachtvollen, reich stuckierten Räume sind mit Gründerzeitmöbeln ausgestattet, die teilweise der Sammlung des Gründerzeitmuseums Berlin-Mahlsdorf entstammen. Herrenhaus und Landschaftspark bilden das Kernstück des Freilichtmuseums, zu dem auch die zahlreichen über das kleine Dorf verstreuten landwirtschaftlichen Funktionsgebäude und die Kirche gehören.

Vestibül

Baruth

Herrenhaus (Wohnhaus)

Das vermutlich bereits im späten 12. Jahrhundert entstandene Baruth befindet sich etwa auf halber Strecke zwischen Zossen und Luckau im Baruther Urstromtal an der B 96, der ehemaligen Heerstraße von Berlin nach Dresden. Bis zum Ende des 16. Jahrhunderts gab es wechselnde Besitzer (Ritter von Baruth, von Schlieben, von Buch). Im Jahre 1596 kaufte es Graf Otto von Solms aus Hessen – der zuvor bereits Sonnewalde erworben hatte – und begründete damit die Linie Solms-Baruth (später kam noch Golßen hinzu). Abgesehen von den Jahren der DDR war die Familie seitdem ununterbrochen in Baruth ansässig. Da Friedrich Hermann zu Solms-Baruth zum Kreis der Stauffenberg-Verschwörer zählte, wurde er bereits 1944 enteignet. Sein Sohn Friedrich Wilhelm Ferdinand Fürst zu Solms-Baruth erhielt Schloss und Park nach der Wiedervereinigung zurück.

Die Grafen zu Solms ließen die noch aus dem 12. Jahrhundert stammende Burg seit 1598 zu einem vierflügeligen Renaissanceschloss ausbauen, von dem sich nur ein Nebengebäude – das sogenannte Frauenhaus – in ruinösem Zustand erhalten hat. Nachdem das alte Schloss nach jahrzehntelanger Vernachlässigung bis 1892 abgetragen worden war, entstand in zwei Etappen um die aus dem späten 18. Jahrhundert stammende eingeschossige Orangerie das heutige »Neue Schloss«. In der ersten Hälfte des 19. Jahrhunderts wurde zunächst auf der Ostseite ein schlichtes zweigeschossiges »ländliches Wohnhaus« von zehn Achsen errichtet, das in den 1990er Jahren restauriert und wieder als Wohnhaus genutzt wird. Auf der zur Stadt hin orientierten Westseite der Orangerie wurde 1912/13 ein zweigeschossiger Kopfbau mit übergiebeltem Mittelrisalit in Renaissanceformen angefügt. 1838 entstand um das Schloss ein von Peter Joseph Lenné entworfener Landschaftspark, der sich heute wieder in gepflegtem Zustand präsentiert und öffentlich zugänglich ist.

Herrenhaus von Süden

Berlin-Biesdorf

Gutshaus (Sozial-kulturelles Zentrum)

Der Biesdorfer Dorfanger bildet als »Alt-Biesdorf« einen der östlichsten Abschnitte der alten Reichsstraße 1 (B 1) auf Berliner Stadtgebiet. Obgleich sich das Rittergut, das im Jahre 1371 als »Biesterdorf« erstmals erwähnt wurde, zeitweise im Besitz bekannter Adelsfamilien befand, erhielt es erst im späten 19. Jahrhundert ein »Schloss«. In den Jahren 1866/67 ließ sich der Gutsbesitzer Hans Herrmann Freiherr von Brüxleben auf dem Hanggrundstück nördlich des Dorfangers für 240 000 Mark von den Architekten Martin Gropius (Martin-Gropius-Bau) und Heino Schmieden (ehem. Stubenrauch-Krankenhaus, Beelitzer Heilstätten) ein Herrenhaus in den Formen einer italienischen Turmvilla errichten. Bauten dieses Typus wurden in der zweiten Hälfte des 19. Jahrhunderts bevorzugt in Potsdam und im Südwesten Berlins errichtet. Das ehemals dörfliche Biesdorf hingegen ist zwar durch eine offene, kleinteilige Bebauung, keinesfalls jedoch durch Villenbau geprägt. Ungewöhnlich am Biesdorfer Herrenhaus ist die Tatsache, dass die rötlichen, scheinbar aus Naturstein gefertigten Neorenaissancefassaden tatsächlich aus gefärbtem Zement bestehen. Zwanzig Jahre nach seinem Einzug hatte sich von Brüxleben ruiniert und musste das Anwesen – allerdings mit erheblichem Gewinn – an Baron Günther von Bültzingslöwen verkaufen. Dieser veräußerte es nur wenige Monate später an Werner von Siemens, dessen Sohn Wilhelm hier mit seiner Familie lebte. Siemens ließ u.a. die Loggia und die Freitreppe zum Park vergrößern und den Park umgestalten. 1927 verkaufte die Familie Siemens die Liegenschaft an die Stadt Berlin, die es in der Folge behördlichen Nutzungen zuführte. Im April 1944 kam es im Obergeschoss des Hauses – in dem sich Büros der NSDAP befanden – zu einem Brand. 1946 wurde das Geschoss abgetragen. Nach der Wende wurden erhebliche Summen in die Sanierung der Fassaden und des vierzehn Hektar großen Landschaftsparks investiert. Mit Geldern der Klassenlotterie und der EU soll in den nächsten Jahren das verlorene Obergeschoss rekonstruiert werden, damit der eindrucksvolle, derzeit noch etwas disproportioniert wirkende Bau mit oktogonalem Turm und Säulenvorhalle sein altes Erscheinungsbild zurückgewinnt. Schloss Biesdorf soll dann als »Begegnungsstätte mit Mehrfachnutzung« dienen.

Gutshaus von Süden

Berlin-Düppel

Gutshaus (Freie Universität Berlin)

Die vielseitige Verwendbarkeit preußischer Landgüter beweist das ehemalige Rittergut Düppel. In seinen Gebäuden ist heute die Tierklinik der Freien Universität Berlin untergebracht. Düppel geht auf eine wendische Siedlung aus dem 12. Jahrhundert zurück. Das alte Slawendorf wurde in der Nachkriegszeit rekonstruiert und als Museumsdorf Düppel erschlossen. Bis zur Reformation gehörten Düppel, Zehlendorf und Schlachtensee zum Kloster Lehnin. Zum Landgut entwickelte sich das Areal jedoch erst im 19. Jahrhundert. Der Salzschifffahrtsdirektor Friedrich Wilhelm Heinrich Bensch kaufte seit 1826 Land südöstlich von Zehlendorf und ließ dort um 1830 den noch bestehenden eingeschossigen Fachwerkbau mit ausgebautem Satteldach unter dem Namen »Vorwerk Neuzehlendorf« errichten. Diesem wurde um 1850 auf der Nordseite ein dreigeschossiger turmartiger Trakt angefügt. In den 1830er Jahren wurde auch die backsteinerne Spiritusbrennerei mit dem markanten Schornstein sowie die Wohnhäuser und Stallungen der Bediensteten (Insthäuser) errichtet.

1859 erwarb Prinz Friedrich Carl, ein Neffe Wilhelms I., das Gut Neu-Zehlendorf, um hier ein Pferdegestüt einzurichten. Nach dem Sieg an den Düppeler Schanzen im Deutsch-Dänischen Krieg, an dem der Prinz maßgeblich beteiligt war, wurde sein Anwesen 1865 zum Rittergut erhoben und erhielt den Namen Düppel. Im Jahre 1927 kaufte die Stadt Berlin das Gut Düppel, das im folgenden Jahr zu Groß-Berlin eingemeindet wurde. Dieser Tatsache verdankte es nach dem Krieg seine Zuordnung zur amerikanischen Besatzungszone. Von 1945 bis 1948 diente das Gut als Auffanglager für »Displaced Persons«. Bis in die 70er Jahre wurde das Gelände für Wohnzwecke genutzt. Ende der 80er Jahre wurden die Gebäude sorgfältig restauriert und für die heutige Nutzung erschlossen. Im Herrenhaus ist die Mensa und in der Brennerei die Fachbereichsverwaltung untergebracht. Der historische Gutshof bietet heute ein sehr gepflegtes Erscheinungsbild, und die spätklassizistische Fachwerkarchitektur fügt sich harmonisch in die Umgebung ein, die im Norden aus Villen im Heimatstil und im Süden aus Nutztierweiden und Reiterhöfen besteht.

Gutshaus von Südwesten

Berlin-Friedrichsfelde

Schloss (Schlossmuseum)

Friedrichsfelde wurde 1265 als Rosenfelde erstmals erwähnt. Nachdem sich das Gut lange Zeit in markgräflichem Besitz befand, wurde es 1682 vom Großen Kurfürsten an den »Generaldirektor der brandenburgischen Marine«, Benjamin Raule, übergeben. Dieser ließ hier von 1695 an wohl von Johann Arnold Nering das zweigeschossige, fünfachsige Schloss errichten, das den Kern des bestehenden Baues bildet. Auf historischen Stichen lässt sich erkennen, dass die Fassadengliederung mit den Kolossalpilastern bereits der heutigen entsprach. Da der aus Holland stammende Raule die in ihn gesetzten Erwartungen nicht erfüllte, wurde er 1698 von Kurfürst Friedrich III. enteignet und des Landes verwiesen. Das Gut wurde in Friedrichsfelde umbenannt. 1717 verschenkte es der Soldatenkönig an Albrecht Friedrich von Brandenburg-Schwedt. Dieser ließ das Gebäude noch im selben Jahr durch Martin Heinrich Böhme umbauen. Das Gebäude wurde beiderseits um drei Achsen verlängert, an die Stelle der Giebel trat eine figurengeschmückte Attika. Aus dieser Zeit hat sich im Inneren u.a. die reich geschnitzte Treppe erhalten. 1762 ging das Schloss an Prinz Ferdinand von Preußen, der es 1785 an Peter Biron Herzog von Kurland veräußerte. Dieser ließ u.a. das Treppenhaus ausmalen und den großartigen, durch korinthische Säulenreihen geteilten Festsaal im Louisseize gestalten. Nach seinem Tod gelangte das Gebäude in den Besitz der Herzogin Katharina von Holstein-Beck, welche die Attika wieder durch Dreiecksgiebel und das Walmdach durch ein Mansarddach ersetzen ließ. 1816 kaufte Johann Karl Sigismund von Treskow das Anwesen, das bis 1945 im Besitz von dessen Nachkommen verblieb. Nach dem Krieg wurde das geplünderte Schloss zunächst in DDR-typischer Weise genutzt. Als unter Einbeziehung des Lennéschen Parks in Friedrichsfelde der Tierpark, der flächenmäßig größte zoologische Garten der Welt entstand, wurde das darin liegende Herrenhaus seit 1955 als Museumsschloss genutzt. Die Räume wurden teilweise mit Ausstattungsstücken und Wandtapeten abgebrochener Schlösser eingerichtet. Das baulich gut erhaltene und prachtvoll mit historischen Möbeln, Gemälden und viel KPM-Porzellan ausgestattete Schloss gehört heute der Stiftung Stadtmuseum Berlin.

Festsaal

Berlin-Malchow

Herrenhaus (ungenutzt)

Das im heutigen Bezirk Lichtenberg gelegene Dorf Malchow wurde im Jahre 1344 erstmals erwähnt, besaß jedoch eine im letzten Krieg zerstörte Feldsteinkirche, die bereits ins 13. Jahrhundert datiert. Tatsächlich dürfte der Ort mit wendischem Namen noch weitaus älter sein. Sein historisch bedeutsamster Bau bietet derzeit einen traurigen Anblick. Das Malchower Gutshaus wurde seit 1685 für den Geheimrat und Etatminister der Kurfürsten Friedrich Wilhelm und Friedrich III., den 1640 in Stettin geborenen Juristen Paul von Fuchs, erbaut. Fuchs erhielt das Rittergut Malchow 1684 vom Großen Kurfürsten im Tausch gegen seinen Blankenburger Besitz. Durch »treue Dienste« für seine kurfürstlichen Arbeitgeber brachte er es zu beachtlichem Vermögen, das es ihm gestattete, Malchow zu seinem »Edelsitz« auszubauen. Fontane schrieb in seinen »Wanderungen«: »So bezog Fuchs, als Oberpostdirektor, eine jährliche Zulage zu seinem anderweitigen Gehalt und außerdem den zwanzigsten Teil aller in Berlin aufkommenden Postgelder. Aus eben diesen Erträgen war es, dass er in den Besitz von Malchow gelangte.« Auf der am Gutshaus angebrachten Gedenktafel wird Fuchs als maßgeblicher Mitgestalter des Edikts von Potsdam von 1685 benannt, mit dem die aus Frankreich vertriebenen Hugenotten nach Brandenburg-Preußen eingeladen wurden. Das Gutshaus ist ein zweigeschossiger Dreiflügelbau mit einem deutlich vortretenden, auf der Gartenseite polygonal schließenden Mittelrisalit. Die pavillonartig zur Straßenseite hin angefügten Seitenflügel besitzen separate Walmdächer. Zwischen dem Gutshof und dem Malchower See ließ von Fuchs Obst- und Weingärten anlegen. Nach seinem Tod im Jahre 1704 wechselte das Gut einige Male den Besitzer. 1713 erhielt es Markgraf Christian Ludwig von Brandenburg-Schwedt – der hier 1734 auch starb – als Dotation vom Soldatenkönig. 1865 wurde das Haus neoklassizistisch umgestaltet. Die plastisch rustizierten Fassaden mit den gequaderten dorischen Pilastern stammen aus dieser Zeit. 1882 erwarb die Stadt Berlin das Gut, um Rieselfelder einzurichten. In der Nachkriegszeit wurde die Liegenschaft zum VEG (Volkseigenes Gut). Im Gutshaus war die Landwirtschaftlich-Gärtnerische Fakultät der Humboldt-Universität untergebracht. Seit deren Auszug steht das Gebäude leer.

Herrenhaus von Südwesten

Herrenhaus von Nordwesten

Blossin

Herrenhaus (Seminarhotel)

Obschon das ehemalige Gutshaus Blossin im Kern ein Barockbau aus dem 18. Jahrhunderts ist, verdankt es sein heutiges Erscheinungsbild doch wesentlich den Veränderungen, die es um 1880 erfahren hat. Auch das Interieur wurde im Gründerzeitstil umgestaltet. Die Fassaden des zweigeschossigen, elfachsigen Gebäudes werden durch den Mittel- und die beiden Seitenrisalite gegliedert, welch letztere den Anschein von stummelartigen Seitenflügeln erwecken. Das Mansardendach wurde in den 1950er Jahren ausgebaut.

Das im 15. Jahrhundert erstmals erwähnte Gut gelangte 1729 in den Besitz der Krone und blieb bis 1872 Eigentum der Hohenzollern. Danach wurde es an Privatleute veräußert und wechselte mehrmals den Besitzer. Letzter Eigentümer vor dem Krieg war Baron von Lippert, der auf dem Gut Pferdezucht betrieb. Nach dem Krieg wurde das Haus zunächst als Kinderheim genutzt und 1951 von den Berliner Wasserwerken erworben. Im Oktober 2007 wurde das Haus an einen Jugendverein veräußert. Die Wasserwerke ließen es 1998 unter Berücksichtigung von Denkmalschutzauflagen aufwendig im Gründerzeitstil restaurieren und als Seminarhotel mit angeschlossenem Tagungszentrum einrichten.

Herrenhaus von Nordosten

Brandenburg-Plaue

Herrenhaus (leer stehend)

Im Vorwort zu seinen märkischen Reisebeschreibungen »Fünf Schlösser« streift Fontane beiläufig die Unterscheidung zwischen Schlössern und »Herrensitzen« und schließt diese Betrachtung mit dem Satz: »Nur Plaue war wohl wirklich ein Schloss«. Ungeachtet der wundervollen Lage des Baues auf einer Terrasse über dem Plauer See fällt es dem heutigen Besucher schwer, sich dieser Auffassung anzuschließen. Die unter Friedrich von Görne in den Jahren 1711 bis 1716 errichtete zweigeschossige Dreiflügelanlage mit Corp de Logis ist in der DDR-Zeit schwer misshandelt worden und harrt noch seiner Wiedererweckung. Nachdem die letzten Eigentümer – die Familie von Koenigsmarck – enteignet worden waren, nutzte man das Gebäude als Verwaltungs- und später als Sprachschule. Die einst prunkvollen Innenräume wurden »funktional« verändert und die Stuckfassaden stark »vereinfacht«. Auch von einer anderen kulturhistorischen Besonderheit hat sich in Plaue nichts erhalten. Friedrich von Görne gründete hier 1713 – zwei Jahre nach Meißen und 42 Jahre vor Wegely – die zweite deutsche und die erste preußische Porzellanmanufaktur, die zeitweise zur ernsthaften Konkurrenz für Meißen wurde.

Diedersdorf

Herrenhaus (Büros)

Wie das gleichnamige Gut im Landkreis Teltow-Fläming kann auch das Herrenhaus in Diedersdorf im Kreis Märkisch-Oderland auf eine erfolgreiche, wenn auch völlig anders geartete Sanierungs- und Nutzungsgeschichte in der Nachwendezeit zurückblicken. Wie der Name vermuten lässt, war das 1253 erstmals erwähnte Dorf »Villiam Didriksdorf« eine Neugründung deutscher Siedler. Im Jahre 1412 wurde der Ritter Betcke Pul von Burggraf Friedrich von Hohenzollern mit dem Gut belehnt. Das heutige Herrenhaus datiert in die Mitte des 18. Jahrhunderts. 1748 erwarb der preußische Kriegsrat Carl Gottlob von Kunow das Landgut nebst einem Gebäude unbekannten Aussehens. Auf dessen Fundamenten entstand unter Einbeziehung eines kreuzgewölbten Kellerraums in der Folge der eingeschossige Dreiflügelbau mit dem hohen Walmdach. Ähnlich dimensionierte Dreiflügelanlagen entstanden im 18. Jahrhundert etwa auch in Hoppenrade, Neuhardenberg oder Rühstädt – die meisten wurden jedoch später stark verändert. Auch Schloss Diedersdorf erlebte unter den weiteren Besitzern Eingriffe in seine bauliche Substanz, die den äußeren Eindruck allerdings nur mäßig berührten. Nachdem 1792 der Amtsrat Lehmann das Anwesen erworben hatte, ließ er die Fassaden klassizistisch verändern und die charakteristischen Thermenfenster in den Giebelflächen der Seitenflügel anlegen. 1872 kaufte der Berliner Fabrikant Ludwig Seidel das Gut. 1876 wurden die Mittelrisalite auf beiden Seiten des Gebäudes neu gestaltet. Auf der Hofseite wurde ein reich mit Schmuckvasen, plastischem Dekor und geschwungener Freitreppe gestaltetes neobarockes Sandsteinportal, auf der Gartenseite ein gusseiserner verglaster Wintergarten angelegt. Nach der Enteignung der Familie Seidel diente das Haus u.a. als Kindergarten, Arztpraxis und Bürogebäude. Die letztere Nutzungsform, die durch die Veränderung der Raumaufteilung um 1800 möglich wurde, ist auch heute die aktuelle. Nachdem die Brandenburgische Schlösser GmbH das Herrenhaus und den idyllischen Landschaftspark von 1994 bis 2001 umfassend saniert hatte, vermietete sie die durch die blockhafte Zimmeranordnung maßgeschneiderten Räumlichkeiten an gewerbliche Nutzer.

Parkansicht

Doberlug-Kirchhain

Schloss (leer stehend)

Das erstmals im Jahre 1005 als »Dobraluh« erwähnte Städtchen wurde 1950 mit dem benachbarten Kirchhain zu der heutigen Doppelgemeinde fusioniert. Das mächtige Renaissanceschloss verdankt seine Existenz dem nordwestlich davon liegenden Zisterzienserkloster. Von dem 1165 gegründeten Kloster, das zu den einflussreichsten und prosperierendsten östlich der Elbe gehörte, hat sich nur die romanische Pfeilerbasilika erhalten. Sechs Jahre nach der 1541 erfolgten Säkularisation begann Graf Heinrich von Gersdorff unter Einbeziehung des Abtshauses eine Vierflügelanlage zu errichten, die allerdings nicht zur Vollendung gelangte. 1624 erwarb Kurfürst Johann Georg I. von Sachsen das Gut für 300 000 Gulden, veranlasste jedoch wegen des Dreißigjährigen Krieges nur wenige bauliche Aktivitäten. In dieser Zeit entstand der Südflügel des Schlosses nach Plänen von Hans Steger. Nachdem Doberlug 1657 an Johann Christian von Sachsen-Merseburg übergegangen war (Sekundogenitur von Kursachsen), ließ dieser das Schloss bis 1676 zu seiner Residenz ausbauen. Der eindrucksvolle teils zwei-, teils dreigeschossige Bau zeigt allseits eine relativ einheitliche Fassadengestaltung, die vor allem durch die auffälligen, in Obelisken kulminierenden Schweifgiebel über den Risaliten geprägt ist. Vom plastischen Bauschmuck sind vor allem das Hauptportal, der Brunnen und die Hofgalerie erwähnenswert. Äußerlich zeigt sich das Schloss seit seiner Fertigstellung nahezu unverändert. Das Interieur hingegen hat infolge mehrfacher Umnutzungen wenig Schlossartiges bewahren können. Nach dem Anschluss der Niederlausitz an Preußen wurde das Haus überwiegend behördlich genutzt und diente zeitweise sogar als Gefängnis. Nach dem Zweiten Weltkrieg »residierte« hier zunächst die Rote Armee und dann bis zur Wende die NVA. Trotz aller Veränderungen haben sich in etlichen Sälen Gewölbe- und Stuckdecken erhalten. Nach der Wende gelangte das Schloss in den Besitz der Brandenburgischen Schlösser GmbH, die es seit einigen Jahren grundlegend saniert und sich auf der Suche nach Zweckbestimmungen und Betreibern befindet.

Schloss von Südosten

Drebkau

Herrenhaus (leer stehend)

Im Gegensatz zum Umfeld des Herrenhauses mit dem Landschaftspark, das in den vergangenen Jahren weitgehend saniert werden konnte, bietet das Gebäude selbst noch immer einen deprimierenden Anblick. Das Schloss hat sich in drei Etappen aus einer mittelalterlichen Burg entwickelt. Das 1280 erstmals erwähnte Niederlausitzer Gut kann auf eine verwirrende Zahl von Besitzerwechseln zurückblicken. In den Urkunden finden sich neben anderen die Namen von Ileburg, von Schenkendorf, von Köckeritz, von Diepow und von Arenstorff. Vom späten 15. Jahrhundert bis 1764 lebten hier die von Köckeritz – allerdings wechselte das Gut häufig zwischen den verschiedenen Zweigen der Familie. Im Jahre 1700 wurde die mittelalterlichen Burg abgerissen, der Graben zugeschüttet und das barocke Herrenhaus errichtet. Offenbar geschah dies unter Einbeziehung älteren Mauerwerks. Die Fenster und das schlichte Putzdekor des mit einem Walmdach gedeckten Baues zeigen Formen des 18. Jahrhunderts, die asymmetrische Struktur und die Unterbringung der Wohnräume in den Obergeschossen erinnern eher an den Palas einer mittelalterlichen Burg. Unter Friedrich von Arenstorff wurde der Bau von 1850 an um einen westlichen Anbau im Stil der italienischen Renaissance und einen zinnenbekränzten Turm ergänzt. Nach der Aufhebung des Drebkauer Guts ging das Areal 1928 an die Anhaltinischen Kohlenwerke, nach 1945 an das VEB Braunkohlewerk Greifenhain und 1990 an die Lausitzer Braunkohle AG. Bis Anfang der neunziger Jahre wurde das Gebäude als Wohnhaus genutzt, seitdem steht es leer und verfällt.

Herrenhaus von Südwesten

Elsterwerda

Schloss (Schule)

Kaum zehn Kilometer nördlich der heutigen sächsischen Landesgrenze befindet sich das 2003 zum zweitschönsten Gymnasium Deutschlands gekürte »Elsterschloss«. Dem bestehenden einheitlichen Barockbau ist seine komplizierte Baugeschichte nicht anzusehen. Vermutlich seit dem späten 13. Jahrhundert befand sich hier die Burg der Familie von Köckritz. Von 1616 an ließ Bernhard von Rohr ein vierflügeliges Wasserschloss errichten, das bereits hundert Jahre später durch den Freiherrn von Löwendahl wieder abgerissen wurde, um an seiner Stelle ab 1720 ein Barockschloss zu errichten. Dieses wurde nach dem Ruin Löwendahls im Auftrag Augusts des Starken nach Plänen von Hofbaumeister Matthäus Daniel Pöppelmann unter der Leitung von Johann Christoph Knöffel (1686–1752) zu der bestehenden Dreiflügelanlage ausgebaut. Nach den Befreiungskriegen kam Elsterwerda an Preußen. Nach vorübergehender Nutzung als Jagdschloss wurde das Haus 1857 zu einem Seminar umgebaut und dient seitdem als Schule. Heute befindet sich hier das »Elsterschloss-Gymnasium«. Der malerisch am Ufer der Schwarzen Elster gelegene Bau mit dem markanten Glockenturm wurde nach der Wende restauriert. Das auffälligste Gestaltungsmerkmal des Schlosses neben dem aufwendig aus Elbsandstein gefertigten Portal ist die illusionistische Putzmalerei, die den glatten Wandflächen Scheinplastizität verleiht. Diese Gestaltung weist den Bau eindeutig als eine Schöpfung des sächsischen Kulturraumes aus. Im Inneren haben sich in einigen Räumen Stuckrahmendecken und Kamine erhalten.

Schloss von Süden

Freyenstein

Schloss (Ruine)

Freyenstein war lange Zeit Zankapfel zwischen Brandenburg und Mecklenburg. Im 13. und 14. Jahrhundert wurde die 1263 von Brandenburg eroberte Stadt wiederholt von den Mecklenburgern überfallen. Durch die Lage an verschiedenen Fernhandelsstraßen entwickelte sich Freyenstein zunächst dynamisch. So ließ sich die Familie von Rohr hier von 1556 an eines der aufwendigsten Renaissanceschlösser des Landes errichten. Unter der Leitung von Domenicus Parr, Mitglied der aus Italien stammenden Baumeisterfamilie, die am Bau des Güstrower Schlosses beteiligt war, entstand die Dreiflügelanlage, die auch sonst durch mecklenburgische Vorbilder beeinflusst ist. Diese Einflüsse erkennt man vor allem an den Terrakotta-Formziegeln, mit denen die Fassaden dekoriert sind. Ähnlichen Zierrat findet man auch am Wismarer Fürstenhof wie an den Schlössern in Gadebusch, Bützow und Schwerin. Im Dreißigjährigen Krieg wurde das »Alte Schloss« weitgehend zerstört und schließlich zugunsten des südlich davon seit 1650 errichteten »Neuen Schlosses« aufgegeben. Die Anlage war 1620 von der Familie von Rohr an die von Winterfeld verkauft worden. Die Ruine mit dem erhaltenen Westflügel wurde nach dem Krieg und abermals nach der Wende restauriert. Das »Neue Schloss« steht leer.

Schloss von Südosten

Fürstenberg

Herrenhaus (Altersheim/Hotel)

Das schöne Fürstenberg an der Havel wurde zwar als »Vorstenberge« von den askanischen Markgrafen gegründet, seit der Mitte des 14. Jahrhunderts jedoch gehört das Städtchen zu Mecklenburg, seit dem »Hamburger Vergleich« von 1701 zum Herzogtum Mecklenburg-Strelitz. Seine brandenburgische Geschichte begann erst 1952, als Fürstenberg dem Kreis Potsdam zugeschlagen wurde. Da die Stadt seit der Wende zum Landkreis Oberhavel gehört, befindet sich hier ein kleines mecklenburgisches Residenzschloss auf märkischem Boden.

Der Dreiflügelbau wurde 1741 von dem Hofarchitekten Christoph Julius Löwe (um 1690 – um 1752), der auch die Schlösser in Neustrelitz und Mirow errichtete, für Herzog Adolf Friedrich III. erbaut. Vollendet wurde er nach diversen Bauunterbrechungen und Umgestaltungen erst elf Jahre später. Seine heutigen Stuckfassaden erhielt das Schloss allerdings erst im Jahre 1913 durch Heinrich Brandes aus Hannover. Auch die reich verzierten Schweifgiebel mit Voluten und Ochsenaugen entstammen dieser Umgestaltung. Auf der Giebelfläche des Mittelrisalits erkennt man noch heute das Wappen von Mecklenburg-Strelitz.

Trotz der »funktionalen« Umgestaltungen hat sich im Inneren der Festsaal im Obergeschoss mit den Kaminen, dem reichen Deckenstuck und den Wandvertäfelungen weitgehend im Originalzustand erhalten. Der westlich des Schlosses gelegene, von diesem durch die B 96 abgetrennte und sich bis zum Haussee erstreckende weitläufige Landschaftspark wurde nach dem Krieg zum Stadtpark umgewidmet. Das Schloss wurde zu DDR-Zeiten als Krankenhaus und nach der Wende noch einige Jahre als Altersheim genutzt. Bis 2009 wird es umfassend saniert und zu einem »Wellness-Hotel« umgebaut.

Herrenhaus von Südosten

Eingangshalle mit Treppe

Gerswalde

Schloss (Kinderheim)

Schloss Gerwalde befindet sich am Standort der Vorburg der aus dem 13. Jahrhundert stammenden Burganlage, von der noch eindrucksvolle Ruinenreste erhalten sind. Die alte Grenzfeste gelangte 1463 in den Besitz derer von Arnim. In Gerswalde, zu dem auch das Gebiet um das spätere Dorf Herrenstein gehörte, etablierte sich ein eigenständiger Arnimscher Familienzweig. Um die Mitte des 19. Jahrhunderts begann die Familie zunächst mit dem Ausbau der seit dem Dreißigjährigen Krieg ruinösen Burg, entschied sich dann aber doch für die Errichtung eines neobarocken Neubaus, der 1910 noch einmal durchgreifend modernisiert wurde. Das Flachdach des dreiflügeligen Baues mit von einem Segmentbogen bekrönten Mittelrisalit entspricht keinesfalls der modernen Baugesinnung des Architekten, sondern ist der späteren Nutzungsgeschichte geschuldet. Nachdem die Gerswalder Arnims wegen pekuniärer Probleme ihre Güter veräußert hatten, wurde das Haus als »Erziehungsanstalt« genutzt. In den 1960er Jahren spielten im Dachstuhl Kinder mit dem Feuer. Im Inneren hat sich das schöne Treppenhaus mit dem durchbrochenen Geländer erhalten. Die Parkseite des Schlosses ist leider durch einen ummauerten Bolzplatz verunstaltet. Heute ist in dem Gebäude ein Kinderheim untergebracht.

Gollwitz

Herrenhaus (leer stehend)

Einige Kilometer östlich von Brandenburg liegt abseits der B1 ein Dorf mit etwa 400 Einwohnern am Ufer der Havel. Das 1375 als »Golwitz« erstmals erwähnte Gut gehörte seit dem Mittelalter den von Rochow. Seit einer Erbteilung innerhalb der Familie von Rochow im 16. Jahrhundert etablierte sich hier ein eigener Familienzweig neben Reckahn, Plessow und Golzow. 1664 verkauften die von Rochow das Gut an die Familie von Görne. Diese errichtete im 18. Jahrhundert ein schlichtes, nicht dokumentiertes Herrenhaus, in das sie auch Teile eines mittelalterlichen Vorgängerbaus übernahm. Unter dem östlichen Gebäudetrakt befindet sich ein gewölbter Kellerraum. Auch die Entstehung des Landschaftsparks, der sich bis zur Havel erstreckt, datiert in das späte 18. Jahrhundert. Das heutige Herrenhaus entstand erst im 19. und frühen 20. Jahrhundert. Der Haupttrakt des T-förmigen Gebäudes wurde zwischen 1915 und 1929 für den letzten Eigentümer des Gutes errichtet, die Familie von Hagen. Der kurze östliche Flügel stammt noch aus dem späten 19. Jahrhundert. So verwirrend die zeitliche Einordnung des barocken anmutenden zweigeschossigen Baues zunächst ist, so zwanglos fügt er sich in die Architekturlandschaft der späten Kaiserzeit.

Nur wenige Kilometer weiter östlich wurde zur gleichen Zeit in Potsdam und im Südwesten Berlins ein Villenviertel nach dem anderen aus dem Boden gestampft und mit schlossartigen Villen unterschiedlicher Stilrichtungen bebaut. Nach der Bodenreform diente das Haus zuletzt als Kindergarten. Viele Elemente der originalen Raumausstattung wie die Prachttreppe, zwei Kamine und die meisten Stuckdecken haben die Zeiten überdauert. Nach der Wende fiel das Haus an die Gemeinde, die sich schwer tat, eine angemessene Zweckbestimmung zu finden. Während der Park durch ABM-Kräfte saniert werden konnte, zeitigte der jahrelange Leerstand am Herrenhaus unübersehbare Folgen. Eine Lösung für die Liegenschaft fand sich auf unerwartete Weise. Als Reaktion auf die ausländerfeindlichen Übergriffe in Brandenburg beschlossen Land und Bund mit Beteiligung des Kreises Potsdam-Mittelmark in dem Gebäude die »Stiftung Begegnungsstätte Gollwitz« einzurichten. Es soll laut Satzung dann als Begegnungsstätte für jüdische und nichtjüdische Jugendliche dienen.

Herrenhaus von Osten

Wappen derer zu Solms über dem Gartenportal

Golßen

Herrenhaus (Verwaltung)

Golßens Geschichte lässt sich bis ins 13. Jahrhundert zurückverfolgen. Damals wohnten wettinische Burggrafen in einem Castrum möglicherweise am Standort des heutigen Schlosses. Der Ort erlebte im Laufe seiner wechselvollen Geschichte mehrere Besitzerwechsel. Im 18. Jahrhundert war der Golßener Landbesitz sogar auf vier Eigentümer verteilt. Einer von ihnen, der preußische Domänenrat Justus von Vieth, ließ ab 1723 den dreizehnachsigen, zweigeschossigen Kernbau des heutigen Schlosses errichten. Nach Vieths Tod im Jahre 1864 ging Golßen an Graf Sigismund von Redern und danach an dessen Tochter Amalie, an die eine gusseiserne Statue im Park erinnert. 1846 erwarb Reichsgraf Friedrich Heinrich Ludwig zu Solms-Baruth das Schlossgut. Solms beauftragte Heinrich Eduard Knoblauch (1801–1865) mit dem Umbau und der Erweiterung des Herrenhauses. Knoblauch veränderte die Fassadengestaltung und ergänzte den Barockbau um flach gedeckte vierachsige Anbauten. Die einst aufwendige Putzgliederung des Hauses wurde bei Renovierungsarbeiten 1950 stark vereinfacht. Das Familienwappen derer zu Solms, denen das Gut bis 1945 gehörte, blieb auf der Gartenseite erhalten. Von der Innenarchitektur haben sich nur das Treppenhaus sowie einige Stuckdecken erhalten. 1881 entstand der weitläufige Landschaftspark mit Schlossteich, der noch heute zu bewundern ist. Das derzeit nur noch teilweise als Wohnhaus genutzte Herrenhaus befindet sich trotz jahrelanger Verwendung als Landambulatorium in leidlich guter Verfassung.

Schloss von Nordosten

Großkmehlen

Schloss (leer stehend)

Zu Füßen der im Süden aufragenden sächsischen Mittelgebirgsschwelle gelegen, mutet die landschaftliche Umgebung des mächtigen Renaissancebaus eher süddeutsch als preußisch an. Der 1205 erstmals erwähnte Ort liegt unmittelbar an der heutigen Landesgrenze nur etwa dreißig Kilometer vom Dresdener Stadtrand entfernt. Die Großkmehlener Schlossanlage besteht eigentlich aus zwei Schlössern. Die scheinbare Vierflügelanlage ist ein von einem Graben umgebener kompakter Bau mit zwei durch eine Mauer voneinander getrennten Hälften. Der Ort gehörte bis ins 18. Jahrhundert der Familie von Lüttichau. Das im Vergleich zu den Festen Häusern der Mark aufwendige Schloss mit Satteldächern, Schweifgiebeln und haubengeschmückten Ecktürmen entstand um die Mitte des 16. Jahrhunderts unter Einbeziehung älterer Substanz. Nach einer Erbteilung ließen sich die Brüder Hans und Wolfgang von Lüttichau zwei getrennte Gebäudehälften errichten, die äußerlich nur an den separaten Zugängen zu erkennen sind. Zu Beginn des 18. Jahrhunderts wurde das Innere von vermutlich italienischen Stuckateuren – die vielleicht auch in Neuzelle und Lieberose tätig waren – mit figürlichem Stuck neu gestaltet. Zeitgleich entstand wohl das ebenfalls zweigeteilte, östlich des Schlosses befindliche »Jägerhaus«, das vermutlich als Winterschloss genutzt wurde. Die letzten Besitzer vor dem Krieg waren die Lynar aus dem benachbarten Lindenau. Zu DDR-Zeiten wurde das Schloss als Altersheim benutzt. 1993 gelangte die Liegenschaft mitsamt dem vier Hektar großen Landschaftspark in den Besitz der Brandenburgischen Schlösser GmbH, die es restaurierte und derzeit auf der Suche nach einem Nutzer ist.

Groß Kreutz

Herrenhaus (leer stehend)

Unweit der B1 zwischen Potsdam und Brandenburg befindet sich ein bemerkenswertes Herrenhaus, das gelegentlich mit Schloss Sanssouci verglichen und Georg Wenzeslaus von Knobelsdorffs oder dessen Umfeld zugeschrieben wurde. In einem Artikel aus dem Jahre 1928 hat der Historiker Hans Kania die bis heute allgemein akzeptierte Vermutung geäußert, der Berliner Oberbaudirektor Friedrich Wilhelm Diterichs (1702–1782) – ein später Schüler Knobelsdorffs – habe den Bau entworfen, und die halbrunde Vorwölbung der Fassade in der Mitte sei ein bewusst eingesetztes Sanssouci-Zitat. Der Rokokobaumeister Diterichs zeigte etwa auch beim Berliner Ephraim-Palais seine Vorliebe für geschwungene Formen. Groß Kreutz gehörte seit dem Mittelalter den von Rochow und wurde 1604 von Wolf Dietrich von Hake erworben. Im 19. Jahrhundert gelangte das Gut an die Familie von der Marwitz, in deren Besitz es bis 1945 verblieb. Auftraggeber des von 1765 bis 1767 errichteten Herrenhauses war Karl Botho Gottfried von Hake. Der elegante eingeschossige Putzbau erstreckt sich auf der Straßenseite über elf, und auf der Parkseite über neun Fensterachsen und wird beiderseits von niedrigeren Seitentrakten flankiert, deren östlicher 1847 durch einen zweigeschossigen klassizistischen Anbau ersetzt wurde. Die Gesamtwirkung beruht vor allem auf der geglückten Weiterführung des konvexen Schwungs des Risalits in das steile Mansardendach. Obwohl der Außenbau abgesehen von der Hakeschen Wappenkartusche, den Fensterläden und den Freitreppen kaum bauplastischen Schmuck aufweist, besitzt er eine Leichtigkeit, die den meisten anderen Bauten der Epoche fehlt. In dem einst reich ausgestatteten Inneren war vor allem der Gartensaal mit den illusionistischen Wandmalereien – vielleicht von dem Theatermaler Carl Friedrich Fechhelm (1723–1785) –, die heute von späteren Farbschichten verdeckt sind, herausragend. Leider bietet eine der gelungensten Schöpfungen des ländlichen märkischen Barocks zwei Jahrzehnte nach dem Mauerfall noch immer ein trauriges Bild.

Herrenhaus von Südwesten

Groß Rietz

Schloss (leer stehend)

Eines der bedeutendsten brandenburgischen Schlösser der frühen Barockzeit befindet sich denkbar entlegen – etwa dreißig Kilometer südwestlich von Frankfurt/Oder im Landkreis Oder-Spree. 1649 konnte der Obristleutnant Georg von der Marwitz das Gut Groß Rietz von der durch den Dreißigjährigen Krieg ruinierten Familie von Kracht erwerben. Diese war hier zwei Jahrhunderte ansässig. Von 1693 an ließ sich dessen Sohn Hans Georg von der Marwitz, Hofmarschall Friedrichs I., möglicherweise nach Plänen des Niederländers Cornelius Ryckwaert (vor 1640–1693), der auch Schloss Oranienbaum bei Dessau entworfen hat, den wohlproportionierten zweigeschossigen Bau mit ionischen Kolossalpilastern erbauen. Die doppelläufigen Freitreppen, die Prunkportale und die überhöhten Mittelrisalite mit den von Wappenkartuschen verzierten Dreiecksgiebeln verleihen dem Bau eine herrschaftliche Wirkung. 1702 war das Schloss vollendet. Kurz darauf entstand auch die Dorfkirche. Carl Wilhelm von der Marwitz verkaufte das Gut 1790 an den Staatsminister Johann Christoph von Wöllner, der durch seinen problematischen Einfluss als Rosenkreuzer auf König Friedrich Wilhelm II. berühmt wurde. Fontane fand bei seinem Besuch im Schloss noch zwei Wöllner-Portraits vor. Unter Peter Friedrich Ludwig von Itzenplitz, der das Gut 1801 erworben hatte, wurde in den 1820er Jahren der englische Landschaftspark angelegt. Von 1861 bis 1945 befand sich das Schloss erneut im Besitz der Familie von der Marwitz. Nach 1945 diente es als Wohnhaus und als Kindergarten. Zu Beginn der neunziger Jahre bot es einen verheerenden Anblick. Seit 1995 konnte die Brandenburgische Schlösser GmbH die Fassaden und den Park wieder in einen repräsentablen Zustand versetzen. Die Restaurierung der Innenräume ist im Gange. Dort haben sich die eindrucksvolle doppelläufige Treppenanlage, einige Stuckdecken von Giovanni Simonetti und Kamine aus der Zeit Wöllners erhalten.

Schloss von Westen

Hagelberg / Klein Glien

Gutshaus (Hotel)

Hagelberg liegt unweit der gleichnamigen höchsten Erhebung des Hohen Flämings, die mit knapp 201 Metern zugleich die zweithöchste in Brandenburg ist. Den Namen Fläming verdankt der Höhenzug – die Endmoräne der vorletzten Eiszeit – der Ansiedlung flämischer Bauern durch Albrecht den Bären. Bekanntheit erlangte der Ort vor allem durch die Schlacht von Hagelberg. Am 27. August 1813 – vier Tage nach der Schlacht von Großbeeren – schlug die preußische Landwehr unter General Hirschfeld hier ein französisches Corps vernichtend. Das 1849 eingeweihte Hagelbergdenkmal erinnert an dieses Ereignis. Auf halber Strecke zwischen den bedeutenden Burgen in Belzig und Wiesenburg entwickelte sich im Hagelberger Ortsteil Klein Glien ein bescheidenes Gut. 1388 wurde die ursprünglich slawische Siedlung als »Czum lutkin Glyn« erstmals erwähnt. Ein Dokument aus dem Jahr 1542 belegt die Existenz eines Vorwerks. Im 17. und 18. Jahrhundert herrschte in Hagelberg die Familie Brandt von Lindau, die Klein Glien zum Rittergut ausbaute. In der Dorfkirche findet sich noch ein Allianzwappen sowie das Grabmahl des 1702 verstorbenen Jobst Christoph Brandt von Lindau. Das bestehende Gutshaus entstand in der ersten Hälfte des 19. Jahrhunderts. 1818 erwarb Levin von Tschirschky das Gut Glien und ließ sich in der Folge das schlichte neunachsige Haus errichten, das er seit 1823 bewohnte. Tschirschky »machte Klein Glien zu einer angenehmen Ortschaft«, ließ beiderseits des Gutshauses einen kleinen Landschaftspark sowie einen Rosengarten und im Ort und dessen Umgebung Alleen, Obstwiesen und einen Weinberg anlegen.

1993 wurde das nach dem Krieg als LPG genutzte Gutsgelände unter Denkmalschutz gestellt und zusammen mit Teilen der alten Parkanlage aufwendig restauriert. Das stilgerecht wiederhergestellte und klassizistische Gutshaus mit dem ausgebauten Mansardendach dient heute als Hotel mit angeschlossenem Veranstaltungssaal.

Gutshaus von Südosten

Schloss von Westen

Herrenstein

Schloss (Sporthotel)

Herrenstein hat als eigenständiger Ort nur einhundertzehn Jahre existiert. 1795 wird eine zum benachbarten Gerswalde gehörende Pächterei derer von Arnim erwähnt, auf der sich allmählich ein Dorf entwickelte. 1821 taucht erstmals der Name Herrenstein auf. 1840 gab es hier dreizehn Wohnhäuser mit 146 Einwohnern. 1890 ließen sich die von Arnim das kleine Neorenaissanceschloss errichten. Es handelt sich um einen eingeschossigen Backsteinbau auf hohem Feldsteinsockel mit Türmchen und Schweifgiebel an der Schmalseite und übergiebelten Zwerchhäusern. Zusammen mit dem Dorf wurde Herrenstein zu Beginn des 20. Jahrhunderts als Rittergut bezeichnet. 1927 verkaufte die Familie ihren Landbesitz in Herrenstein und Gerswalde an eine Siedlungsgesellschaft. Nach deren Konkurs wurden in Herrenstein Neubauern angesiedelt. 1931 verlor der Ort seine Eigenständigkeit und wurde zu Gerswalde eingemeindet. In den dreißiger Jahren wurde das Schloss mit der markanten Zwiebelhaube als Schule und nach dem Krieg als Flüchtlingswohnhaus genutzt. Seit 1994 ist der äußerlich perfekt restaurierte Backsteinbau Hotel und bildet das Zentrum einer Viersterne-Sport- und Freizeitanlage.

Herrenhaus von Südosten

Horst

Herrenhaus (leerstehend)

Das abgelegene, nur über kleine Nebenstraßen erreichbare Landgut Horst in der Prignitz, bietet zwei Jahrzehnte nach der »Wende« noch einen überwiegend traurigen Anblick. Das Gut gehörte möglicherweise bereits seit askanischer Zeit den von Blumenthal. Nachdem diese als Spätfolge der napoleonischen Besatzungszeit verarmten, erwarb es 1852 die Familie von Möllendorff, die hier bis 1945 lebte.

Vom Dorf kommend findet man in Horst hinter den Gutsgebäuden linker Hand das leer stehende und entsprechend erhaltene einflügelige, barocke Gutshaus und vis-à-vis die Ruinen des Renaissanceschlosses aus dem 16. Jahrhundert.

Nach der Wende erwarb die Familie von Lewinski das Areal. Sie führt den landwirtschaftlichen Betrieb fort und hat mit der Sanierung der Gutsgebäude und der Einrichtung von Ferienwohnungen begonnen. Für die Zukunft haben die Lewinskis Großes vor. Als Langzeitprojekt planen sie nicht nur die Restaurierung des barocken Herrenhauses, sondern auch den Wiederaufbau des im Dreißigjährigen Krieg zerstörten, mithin seit dreieinhalb Jahrhunderten nicht mehr bestehenden Renaissanceschlosses mit historischen Baumaterialien und Techniken.

Ihlow

Herrenhaus (Hotel, Begegnungsstätte)

Wenige Kilometer nördlich von Buckow befindet sich am Rande der Märkischen Schweiz ein Seminar- und Erholungszentrum in historischer Kulisse. Das Gebäude, das von dem heutigen Betreiber bescheiden als Landhaus bezeichnet wird, ist ein veritables Herrenhaus, das in der zweiten Hälfte des 18. Jahrhunderts unter Einbeziehung älterer Teile für die Familie von Bredow errichtet wurde. Das weit verzweigte märkische Adelsgeschlecht gelangte 1740 in den Besitz des Rittergutes, das bis dahin der Familie von Ihlow gehört hatte. Bauherr war der Generalleutnant und Ritter des Schwarzen Adlerordens, Caspar Ludwig von Bredow, der 1773 auch in Ihlow starb. Seine Nachkommen lebten hier bis 1945. Die Ihlower Bredows waren in die Pläne der Verschwörer um Graf Stauffenberg eingeweiht und stellten ihr Haus für konspirative Treffen zur Verfügung. Das Herrenhaus ist ein langgestreckter Bau mit einem zweigeschossigen, zum Park hin polygonal schließenden Corps de Logis unter einem schiefergedeckten Mansardendach. Dieser wuchtige Gebäudetrakt, dessen zweiachsiger Mittelrisalit auf der Straßenseite in einem Dreiecksgiebel kulminiert, wird beiderseits von eingeschossigen, sechsachsigen Seitentrakten flankiert. Um 1910 wurde das sogenannte Jägerhaus angebaut. Nach dem Krieg wurden in dem geplünderten Schloss zunächst wie üblich Vertriebene einquartiert. Danach diente das Gebäude u.a. als Kindergarten, Gaststätte und Gemeindeverwaltung. Es blieb zwar strukturell intakt, verlor aber einen großen Teil seiner schmückenden Details. Am Mitteltrakt haben sich noch Teile der Putzrustizierung und das Bredowsche Familienwappen erhalten. Im Inneren hat die schöne geschnitzte Barocktreppe die Zeiten überdauert. Von der Gutsanlage existieren noch ein Verwalterhaus, die Brennerei, Gutsarbeiterhäuser, Ställe und Scheunen, die 2002 gemeinsam mit dem Herrenhaus und dem kleinen Landschaftspark unter Denkmalschutz gestellt wurden. Des engagiertee Schlossherr Erhard Grundmann betreibt hier seit einigen Jahren eine Seminar- und Erholungsstätte mit Gästezimmern und lockt mit Erfolg vor allem Künstler in die Märkische Schweiz.

Herrenhaus von Nordwesten

Jahnsfelde

Herrenhaus (Wohnungen)

Über dem 1871 geschaffenen Portal des Jahnsfelder Herrenhauses findet sich der schon von Fontane zitierte, etwas geschraubte Vers:

Glück herein, Unglück heraus,
Dies ist der Pfuelen ritterlich Haus seit vierhundert Jahren, –
Gott wolle bewahren in Glück und Gefahren
Geschlecht und Haus

Die von Pfuel, die hier bis 1945 lebten, gehören zu den ältesten Adelsfamilien der Mark, und einige von ihnen bekleideten wichtige Ämter. Besondere Bekanntheit erlangten Ernst Ludwig von Pfuel (1718–1789), der es zum Generalmajor und Hofmarschall des Prinzen Heinrich brachte, und sein Sohn Ernst Heinrich Adolf (1779–1866). Letzterer avancierte zum preußischen Ministerpräsidenten und Kriegsminister, verkehrte aber auch mit vielen literarischen Größen der Epoche und pflegte auf seinem Schloss ein reges Geistesleben. Das etwas disproportioniert wirkende Äußere des Hauses erschwert eine zeitliche Einordnung. In dem Mitteltrakt verbirgt sich der Barockbau, den sich Ernst Ludwig um die Mitte des 18. Jahrhunderts errichten ließ. Als einziges schmückendes Element hat erstaunlicherweise das Familienwappen derer von Pfuel im Giebel des Mittelrisalits überlebt. Ernst Heinrich von Pfuel ließ den Bau um 1830 umgestalten. Das Erscheinungsbild des Hauses wird jedoch vor allem durch die 1871 entstandenen neobacksteingotischen Anbauten geprägt. Die asymmetrischen Trakte sind mit Staffelgiebeln, Treppentürmchen, Erkern, Altanen und farbig glasierten Backsteinen phantasievoll gestaltet. Im Inneren haben sich einige historistische Räume erhalten, von denen etwa das reich ausgestattete »Herrenzimmer« im Neorenaissancestil oder die kreuzrippengewölbte Eingangshalle mit der aufwendigen Treppe eine Erwähnung wert sind. 1869 wurde die benachbarte romanische Dorfkirche umgestaltet, in der sich ein Epitaph für Christoph von Pfuel von 1593 befindet. Das Herrenhaus wird derzeit noch als – überwiegend jedoch leer stehendes – Wohnhaus genutzt und bietet ein trauriges Erscheinungsbild. 2004 wurde es an eine Investorengemeinschaft versteigert, die bisher nicht investiert hat.

Herrenhaus von Südosten

Herrenhaus von Südwesten

Kemnitz

Herrenhaus (Verwaltung)

Das abgelegene Kemnitzer Herrenhaus stammt aus der Renaissancezeit. Der weitgehend authentisch erhaltene zweigeschossige, einflügelige Bau mit den markanten Schweifgiebeln ist allseits nur über schmale Stichstraßen zu erreichen – am besten von Derwitz an der B1 aus. Das Gut Kemnitz ging seit seiner Entstehung durch die Hände einer ganzen Reihe märkischer Adelsfamilien, von denen hier nur die von Rochow, Görne, Derflinger und Brietzke genannt seien. Letzteren gehörte es bis 1945. Die Entstehungszeit des Herrenhauses ist ebenso wie sein Auftraggeber nicht gesichert. Vermutlich wurde es zu Beginn des 17. Jahrhunderts errichtet. Es weist viele Übereinstimmungen mit dem Herrenhaus der Domäne Dahlem auf. Das romantisch auf einer Halbinsel im Plessower See gelegene Haus wurde nach der Wende aufwendig restauriert und beherbergt heute die Verwaltung einer Wohnsiedlung, die im Gefolge dieser Arbeiten entstand. Der auffälligste Schmuck des nicht öffentlich zugänglichen Gebäudes ist außer den beiden Giebeln das Portal auf der Westseite.

Südfassade des Schlosses

Kleinmachnow

Schloss (Hotel)

Auf dem Seeberg, einem aussichtsreichen Moränenhügel hoch über dem Machnower See – heute Teil des Teltowkanals –, thront seit 1907 die sogenannte Neue Hakeburg. Der Vorsatz »neu« diente einstmals der Unterscheidung von der spätmittelalterlichen alten Hakeburg und dem Gillyschen Herrenhaus am anderen Seeufer, die nach Kriegszerstörungen beseitigt wurden. Die neue Hakeburg ist somit die letzte erhaltene Residenz des einflussreichen Adelsgeschlechts, das hier über fünf Jahrhunderte seine umfangreichen Güter verwaltete. Der wuchtige zweigeschossige Putzbau wurde vom Burgenforscher und Architekten Bodo Ebhardt (1865–1945) für Dietloff von Hake erbaut. Das Gebäude mit Wehrturm, Zinnenkranz und Bastionen ist ein eindrucksvolles Beispiel für die Ritterburgenromantik des Berliner Jugendstils. 1936 verkaufte Dietloff von Hake das Areal an die Post, die es nach 1990 zurückerhielt. Zu Zeiten der DDR diente es u.a. der Staatssicherheit, dem »Juliot-Curie-Club« und als SED-Gästehaus. Seit der Wende wird es mit mäßigem Erfolg gastronomisch genutzt und soll künftig zu einem Hotel ausgebaut werden. Im Inneren beeindrucken vor allem das Vestibül und das Treppenhaus.

Kränzlin

Herrenhaus (Wohnungen/Büros)

Obgleich nur einige Kilometer westlich von Neuruppin gelegen, steht Kränzlin nur bei wenigen Ausflüglern auf dem Reiseplan. Diese eilen, nachdem sie die Schinkel- und Fontanestadt absolviert haben, meist weiter nach Rheinsberg. Dies ist insofern ungerecht, als das klassizistische Gutshaus durchaus einen Abstecher wert ist und ihm gleich zwei bedeutende Schriftsteller ein literarisches Denkmal errichtet haben. Außer dem unvermeidlichen Fontane hat ein französischer Autor, der zu den bedeutendsten, aber auch polarisierenden Schriftstellern des 20. Jahrhunderts zählt, den Ort in einem großen Roman gewürdigt. Louis-Ferdinand Céline (1894–1961) musste als Sympathisant des Vichy-Regimes nach der Invasion der Alliierten aus Frankreich fliehen und verbrachte im Sommer 1944 einige Wochen in einer Villa neben dem Herrenhaus. In seinem Roman »Norden« zeichnet er ein schonungsloses Sittengemälde von den gesellschaftlichen Zuständen in Kränzlin vor der Kulisse des katastrophal endenden Krieges.

Die Geschichte des 1291 erstmals erwähnten slawischen Dorfes ist durch unzählige Teilungen und Besitzerwechsel geprägt. Nachdem das Gut bereits im 18. Jahrhundert mehrere bürgerliche Eigentümer gehabt hatte, gelangte es 1815 in den Besitz von Heinrich Scherz, eines Schulfreundes von Theodor Fontane. Dieser ließ 1818 einen zweigeschossigen symmetrischen Bau auf hohem Souterrain errichten. Das Haus ist ein Neubau abseits des Landgutes. Es befindet sich inmitten eins kleinen von Lenné geplanten Parks mit einem quadratischen Teich, der ebenso wie ein Mausoleum von 1820 noch immer existiert. Das Gebäude wurde in der Folge noch zweimal verändert und ergänzt. 1855 wurden die Fassaden im Stil der Stüler-Schule umgestaltet. 1912 wurde durch den Architekten Carl Rechholtz (1879–1963) auf der Ostseite unter Aufgabe der Symmetrie ein Trakt mit zwei Rundtürmen angefügt, in dessen Zentrum sich seither das Hauptportal befindet. Haus und Grundstück wurden in den 1990er Jahren saniert und beherbergen heute Wohnungen und eine Anwaltskanzlei.

Herrenhaus von Süden

Park mit Schloss von Süden

Lieberose

Schloss (leer stehend)

Eine der eindrucksvollsten sächsischen Barockanlagen auf heute brandenburgischem Gebiet hat trotz seiner abgeschiedenen Lage am Ende des Zweiten Weltkrieges und in der DDR-Zeit besonders gelitten. Trotz des deutsch klingenden Bezeichnung ist die Stadt sorbischen Ursprungs. Der 1272 erstmals erwähnte Name »Lubraz« wurde im Laufe der Zeit germanisiert. Von 1519 bis 1945 war das Schloss Herrschaftssitz der Familie von der Schulenburg. Das Gebäude wurde in mehreren Etappen vom 16. bis 18. Jahrhundert errichtet. Von 1557 an entstand zunächst ein dreiflügeliges Renaissanceschloss. Nach dem Stadtbrand von 1657 wurde der Bau instandgesetzt und seit 1750 unter Georg Anton zu einer barocken Vierflügelanlage mit nunmehr drei Geschossen ausgebaut. Während das Äußere des mit einem Mansardendach gedeckten Baues imposant, jedoch eher schmucklos erscheint – bauplastische Details wurden in sächsischer Manier als Putzmalerei aufgetragen –, besitzen die erhaltenen Innenräume aufwendige vollplastische Stuckdecken. Da Lieberose während der NS-Zeit zur Garnisonstadt wurde und einen Truppenübungsplatz der Waffen-SS erhielt, geriet es zum Angriffsziel angloamerikanischer Bomber. Den Angriffen fielen u.a. der Nordflügel des Schlosses und die als Ruine erhaltene Stadtkirche zum Opfer. 1978 stürzte der Schlossturm, der bis dahin die Silhouette des als Berufsschule genutzten Baues geprägt hatte, ein. Heute gehört die Liegenschaft mitsamt dem Landschaftspark der Brandenburgischen Schlösser GmbH, die das Schloss schrittweise restauriert und nach Nutzungskonzepten sucht.

Lindenau

Schloss (leer stehend)

Lindenau wurde um 1200 erstmals erwähnt und befindet sich heute im Landkreis Oberspreewald-Lausitz unweit der sächsischen Landesgrenze. Das Schloss oder besser die Schlossanlage in Lindenau hat zwei Gesichter, die zugleich die beiden Abschnitte ihrer Entstehungsgeschichte widerspiegeln. Nach Osten hin präsentiert es sich als Spätrenaissancebau mit Schlosskirche und Torhaus der Familie von Minkwitz, die hier von 1568 bis 1717 saß. Der rechteckige Kernbau wurde 1584 als ein von einem Wassergraben umgebenes »Festes Haus« für Lothar von Minkwitz errichtet. 1609 wurden auf der Ostseite ein oktogonaler Turm und die mit Schweifgiebeln verzierten Zwerchhäuser angefügt. Im 18. Jahrhundert gehörte das Gut der Familie von Gersdorff. In dieser Zeit wurden die Räume durchgreifend barockisiert, erhielt der Turm seine Haube und wurde ein Garten angelegt, der zwar später in einen Landschaftspark umgewandelt wurde, der aber mit der Mittelachse und dem Bassin seine barocke Prägung behielt. 1833 ging das Anwesen in den Besitz der Fürsten zu Lynar über, die in der Lausitz bereits eine Reihe von Schlössern besaßen und im 20. Jahrhundert noch das benachbarte Großkmehlen hinzuerwerben konnten. Sein zweites, neobarockes Gesicht erhielt Schloss Lindenau erst in den 1920er Jahren. Auf der Parkseite wurden zwei symmetrische, zweigeschossige Seitenflügel angefügt, die einen als Terrasse mit Freitreppe und Balustrade gestalteten Hof umfassen. Im Zusammenspiel mit dem Wassergraben lässt die Anlage auf der Parkseite etwas an ein barockes französisches Wasserschloss denken. Nach dem Zweiten Weltkrieg fungierte das Haus als »Lehrerbildungsheim« und Kreiskinderheim. Obgleich es vor einigen Jahren »privatisiert« wurde, sind an dem leerstehenden Gebäude bisher keine Aktivitäten erkennbar.

Schloss von Südosten

Herrenhaus von Nordwesten

Löwenberg

Herrenhaus (Kindertagesstätte)

Wie der Name vermuten lässt, bildet Löwenberg das historische Zentrum des sogenannten Löwenberger Landes, das heute noch als Landkreis beiderseits der B 96 existiert. Der Ort wurde 1269 als »Lowenberg« erstmals urkundlich erwähnt. Nachdem das Gut im Mittelalter zunächst den von Brandt und dann den von Redern gehörte, kam es 1460 an die Familie von Bredow, die in der Folge das gesamte Löwenberger Land einschließlich Hoppenrade und Liebenberg in ihren Besitz bringen konnte. Das Schloss wurde um 1700 auf den Fundamenten von Vorgängerbauten errichtet und gilt in seiner klassischen Schlichtheit als früher und prototypischer Vertreter dieses Genres. Das Löwenberger Herrenhaus ist ein zweigeschossiger, zehnachsiger Einflügelbau unter einem Walmdach mit einem vierachsigen und daher asymmetrischen rustizierten Mittelrisalit. Das Schloss wird bis heute von dem alten Burggraben umzogen. Im Keller finden sich noch mittelalterliche Gewölbe. Aufgrund der häufigen Besitzerwechsel im 19. und 20. Jahrhundert hat das Haus sein barockes Erscheinungsbild weitgehend bewahrt. Zuletzt gehörte Löwenberg zusammen mit Hoppenrade der Familie von Werthern. Das Haus dient seit der Nachkriegszeit als Kindergarten. Das Herrenhaus wurde Ende der 1990er Jahren restauriert. Im Inneren hat sich die Barocktreppe in der Eingangshalle erhalten

Märkisch Wilmersdorf

Herrenhaus (Wohnhaus)

Die 1346 erstmals erwähnte Siedlung hieß lange Zeit nur Wilmersdorf. Um eine Verwechslung mit dem später zu Berlin eingemeindeten Dorf zu vermeiden, wurde es 1660 in Wendisch Wilmersdorf umbenannt. 1937, als dieser slawische Bezug obsolet war, erhielt der Ort, der zur Gemeinde Trebbin gehört, seinen heutigen Namen. Von 1684 bis 1933 befand sich das Gut im Besitz der Familie von Schwerin. Im Jahre 1801 errichtete Friedrich August Leopold Carl von Schwerin ein frühklassizistisches eingeschossiges Gutshaus mit Krüppelwalmdach im Gilly-Stil. 1901 ließ Friedrich Kurt Alexander von Schwerin (1856–1934) diesen Bau wieder abreißen, um auf seinen Grundmauern und unter Beibehaltung der neun Fensterachsen das letzte tudorgotische Schloss der Mark Brandenburg zu errichten – ein Dreivierteljahrhundert nach Babelsberg. Der zweigeschossige Bau mit Mezzanin und Turm entstand in dreijähriger Bauzeit nach Friedrichs Plänen. Seinen phantasievoll mit Zinnenkranz, tudorbogigen Fenstern und Portalen, »Söller Terrasse« sowie viel Maßwerk und Stuck ausgestatteten Bau finanzierte der Botaniker und Dendrologe mit seiner erfolgreichen Baumschule und Gärtnerei. Nach mehreren Schicksalsschlägen und finanziell ruiniert musste er das Anwesen 1933 verkaufen. Der letzte Vorkriegseigentümer Arnold Kunheim betrieb hier Viehwirtschaft und ein Gestüt. Nach dem Krieg beherbergte das Haus bis 1956 Vertriebene und danach bis zum Ende der DDR ein Kinderheim. 1999 erwarb ein Kölner Galerist das schwer ramponierte Objekt, investierte viel Kapital und sperrte das restaurierte Gebäude weiträumig ab.

Park mit Herrenhaus von Südosten

Martinskirchen

Schloss (leerstehend)

Eines der bedeutendsten, größten und prunkvollsten sächsischen Barockschlösser gehört seit 1815 zu Brandenburg und ist dort weitgehend unbekannt. Dies dürfte vor allem der Tatsache geschuldet sein, das sich das zur Gemeinde Mühlberg gehörende Dorf Martinskirchen zwei Autostunden von Berlin entfernt im äußersten Südwesten des Landes an der Elbe befindet. Die zum großen Teil noch vorhandenen landwirtschaftlichen Funktionsgebäude lassen erkennen, dass auch dieses Schloss eigentlich ein Herrenhaus war. Der Hausherr hatte allerdings familiäre Kontakte zu höchsten sächsischen Regierungskreisen. Graf Friedrich Wilhelm von Brühl, der 1739 in den Besitz des 1272 erstmals erwähnten Rittergutes kam, war der Bruder des Grafen Heinrich von Brühl, des berühmten Premierministers Augusts III. Friedrich Wilhelm, der in Sachsen als Obersteuereinnehmer fungierte und damit wohl maßgeblich an der abenteuerlichen Fiskalpolitik seins Bruders beteiligt war, ließ das Schloss von 1754 bis 1756 durch den sächsischen Hofbaumeister Friedrich August Krubsacius (1718–1789) errichten. Schloss Martinskirchen ist ein dreigeschossiger, dreiflügeliger Putzbau mit gaubengeschmücktem Mansardendach. Im Zentrum des Hauptflügels befindet sich ein dreiseitig schließender überkuppelter Mittelrisalit. Auch die Seitenflügel besitzen auf den Außenseiten dreiachsige übergiebelte Mittelrisalite. Die Erdgeschosszonen sind durch Putzquaderungen, die Obergeschosse durch Kolossalpilaster gegliedert. Nur wenige Innenräume besitzen noch die ursprüngliche prachtvolle Rokokogestaltung. Besondere Schaustücke sind der zweigeschossige Marmorsaal mit dem Deckengemälde von Stefano Torelli, das vertäfelte Jagdzimmer sowie die beiden erhaltenen Treppenhäuser. 1795 verkaufte Friedrich Wilhelms Sohn Moritz von Brühl das Anwesen an den sächsischen Kammerkommissar Andreas Christoph Stephann. Es blieb bis zur Bodenreform im Besitz von dessen Nachkommen. Nach der Plünderung durch die Rote Armee diente das Haus u.a. als Landwirtschaftsschule, Internat, Gaststätte und als Wohnhaus. Nach der Wende gelangte die Liegenschaft in den Besitz der Brandenburgischen Schlösser GmbH, die es in den letzten Jahren weitgehend saniert hat und sich auf der Suche nach Nutzern und Konzepten befindet. Die Innenräume öffnen sich nur zu besonderen Anlässen wie etwa dem Tag des offenen Denkmals.

Schloss von Südosten

Mittelrisalit

Meseberg

Schloss (Gästehaus des Bundes)

Wer Schloss Meseberg noch aus DDR-Zeiten kennt, traut seinen Augen kaum, wenn er das Gebäude heute bei Empfängen internationaler Politiker im Fernsehen sieht. Nachdem es sich noch lange nach der Wende in traurigem Zustand präsentierte hatte, wurde es von 1995 bis 2005 aufwendig restauriert und mit zeitgenössischen Antiquitäten ausgestattet. Seit 2006 dient es als Gästehaus der Bundesregierung. Der 1738 für Hermann von Wartensleben errichtete Bau sah im Laufe seiner Geschichte viele prominente Gäste. Seit 1774 gehörte es dem Major Christian Ludwig von Kaphengst (1740–1796), einem Günstling des Prinzen Heinrich – Bruder Friedrichs II. –, der im Schloss Rheinsberg residierte und hier oft weilte. 1861 gelangte das Anwesen in den Besitz Carl Robert Lessings, eines Großneffen Gotthold Ephraim Lessings. Es blieb bis 1945 im Besitz der Familie. In den DDR folgte die übliche Nutzungsgeschichte als Gaststätte, Jugendclub, LPG-Küche u.ä. Fontanes »Zauberschloss am Huwenowsee« mit seinen prachtvollen, mit ionische Kolossalsäulen und -pilastern, Prunkvasen, Wappenschmuck und Freitreppen außergewöhnlich reich verzierte Fassaden erstrahlt zwar wieder in neuem Glanz, lässt sich aber von »Nichtstaatsgästen« nur durch die Gitter weiträumiger Absperrungen bewundern.

Mühlberg

Schloss (leer stehend)

Die Stadt Mühlberg liegt etwas abseits im Südwestzipfel des Landes, im heutigen Elbe-Elster-Kreis, der erst durch den Wiener Kongress brandenburgisch wurde. Zehn Jahre nach dem großen Stadtbrand – dem auch das »castrum mulberch« zum Opfer gefallen war – und zwei Jahre vor der mit dem Namen Mühlberg verbundenen Schlacht ließ Herzog Moritz von Sachsen das Schloss am Westrand der Stadt errichten. Der protestantische Herzog Moritz hatte in der Schlacht von Mühlberg am 24. April 1547 auf Seiten Karls V. gegen den Schmalkaldischen Bund der protestantischen Fürsten gesiegt und war für diesen »Verrat« mit der Wittenberger Kurwürde belohnt worden. Der Renaissancebau ist eine unregelmäßige relativ schmucklose Vierflügelanlage. Der südliche Flügel, der den Zugang zum Hof bildet wurde erst 1620 errichtet; sein die Silhouette des Ensembles prägender Dachreiter wurde 1773 aufgesetzt. Der einzige erwähnenswerte äußere Bauschmuck sind die übergiebelten Zwerchhäuser und das Treppenhaus im Schlosshof. In den Ostflügel ist die im Kern noch romanische Burgkapelle St. Georg einbezogen. Die mittelalterlichen Fortifikationen, die das Schloss noch lange umgaben, wurden zwölf Jahre nach dem Wiener Kongress abgetragen.

Im 19. Jahrhundert diente das Schloss u.a. als Amtsgericht, Gefängnis und Hauptzollamt. Nach dem Zweiten Weltkrieg wurde es als Schule, Jugendclub, Stadtbibliothek und Wohnhaus verwendet.

1999 wurde es an einen privaten »Investor« vergeben, der hier ein Schlosshotel einzurichten versprach. Bisher ist davon leider nichts zu sehen.

Schloss von Westen

Potsdam-Marquardt

Schloss (leer stehend)

In Potsdam-Marquardt ist fast zwei Jahrzehnte nach der Wende eine kulturhistorische Perle dem Verfall preisgegeben, weil sich ein Investor nicht zu Investitionen entschließen kann. Der 1313 als »Schorin« erstmals erwähnte Ort erhielt seinen heutigen Namen im Jahre 1704. König Friedrich I. gestattete seinem Oberhofmarschall Marquardt Ludwig von Prinzen sein Gut nach seinem Vornamen umzubenennen. Das Schloss besteht im Wesentlichen aus zwei Teilen. Der ältere westliche Flügel entstand von 1795 an für den Günstling König Friedrich Wilhelms II., General Johann Rudolf von Bischofswerder (1741–1803).

In der »Blauen Grotte« im Park fanden einige der berüchtigten spiritistischen Sitzungen des Rosenkreuzerordens statt. 1912 wurde der Altbau durch den Geheimen Kommerzienrat Louis Ravené aufgestockt und um einen eingeschossigen Flügel mit einem großen ovalen Festsaal im Neurokoko ergänzt. Nach dessen Konkurs ging das Objekt an den Hotelier Kempinski, dessen hier eingerichtetes Ausflugslokal mit angeschlossenem Hotelbetrieb zu einem viel besuchten Ausflugsziel der Berliner und Potsdamer wurde. Im Krieg wurde das Schloss zum Lazarett umfunktioniert, danach diente es als Flüchtlingsquartier, Schule und Institut der Humboldt-Universität. Seit dessen Auszug steht es leer und wird gelegentlich für Veranstaltungen und Filmprojekte genutzt. Der von 1823 an entstandene weitläufige Landschaftspark am reizvollen Schlänitzsee geht auf Entwürfe von Peter Joseph Lenné zurück. Im Gegensatz zu dem an seinem nördlichen Ende in einer Sichtachse zum See gelegenen Schloss befindet er sich in passablem Zustand.

Schloss von Westen

Auffahrt mit Mitteltrakt

Prötzel

Herrenhaus (leer stehend)

Das größte barocke Herrenhaus in der märkischen Provinz bietet seit Jahren einen traurigen Anblick. Die Gemeinde, die nach der Wende eine schnelle Sanierung anstrebte, hatte leider auf das falsche Pferd gesetzt und gemeinsam mit einem unseriösen »Geschäftsmann« eine siebenstellige Summe in ergebnislose Nutzungsgutachten investiert, die als Grundschuld eingetragen jeden Fortschritt auf Jahre verhinderte.

Ungeachtet des baulichen Zustandes kann der phantasiebegabte Besucher auch heute den Reiz der Architektur und der Lage erkennen. 1712 ließ der »Grand maître de la maison royale« Paul Anton von Kameke auf einem Hügel über dem Schlosssee möglicherweise unter Beteiligung von Andreas Schlüter den langgestreckten Putzbau errichten. Er besteht aus einem zweigeschossigen Mitteltrakt mit Corps de Logis und zwei symmetrischen eingeschossigen Seitentrakten unter Mansardendächern. Ein einstmals mit Schmuckflächen, Fontänen, Orangerie und Lustwäldchen ausgestatteter Ziergarten erstreckte sich terrassenförmig zum See, in dem sich eine kleine Insel befand, zu der eine Brücke führte. 1869 wurde die Fassadengestaltung des Schlosses durch Friedrich August Stüler für den neuen Besitzer von Eckardstein – die Familie besaß Prötzel seit 1801 – spätklassizistisch verändert. 1924 erfolgte eine Rebarockisierung. Nach den Jahren der Nutzung als Kulturhaus und LPG hat sich im Gebäudeinneren nichts von der ehemals opulenten Pracht erhalten. 2007 wurde das Objekt von einem armenischen Architekten erworben, der eine Sanierung bis 2012 zugesagt hat.

Rabenstein

Burg (Herberge, Gaststätte)

Eine gute halbe Autostunde südwestlich von Berlin treffen wir in einer von Mischwald geprägten Hügellandschaft auf eine der wenigen echten Höhenburgen der Mark Brandenburg. Die Burg Rabenstein befindet sich unweit der A 9 auf 153 Metern Meereshöhe in einem der bergigsten Abschnitte des Hohen Flämings. Die bis ins frühe 13. Jahrhundert zurückdatierende Anlage – die noch immer so aussieht, wie man sich eine Burg vorstellt – hatte im Laufe ihrer Geschichte viele Besitzer. Bis um die Mitte des 16. Jahrhunderts sind die Namen Rauenstein, Rabenstein, von Oppen und von Bärwalde überliefert. Letztere verkauften die Burg 1552 an das kursächsische Haus, in dessen Besitz sie bis 1625 verblieb. Danach wechselten die Eigentümer wieder in kurzer Folge. Die letzte Besitzerin vor den Befreiungskriegen war Prinzessin Christine Amalie von Anhalt Dessau. Eine historische Stunde für die alte Burg schlug im Jahre 1813, als der schwedische Kronprinz Bernadotte vor der Schlacht von Dennewitz hier sein Hauptquartier bezog. Nach dem Anschluss an Preußen wurde das Anwesen bis 1889 durch einen Amtmann noch landwirtschaftlich, danach nur noch forstwirtschaftlich genutzt. Es verfiel zusehends und wurde 1918 wegen Baufälligkeit gesperrt. Nach dem Zweiten Weltkrieg wurde Rabenstein als Jugendherberge genutzt. Die Burganlage wurde in den 1990er Jahren umfassend restauriert. Die Dominante der ovalen Hauptburg ist der mächtige runde Bergfried aus dem 13. Jahrhundert, in dessen Untergeschoss 1717 die Burgkapelle erbaut wurde. Er wird beiderseits von Bauten aus dem 18. Jahrhundert flankiert. Das Torhaus und der Wohnflügel auf der Nordseite der Anlage weisen zum Hof hin schlichte verputzte Barockfassaden auf. Den westlichen Abschluss der Anlage bildet der sogenannte Rittersaal, ein im 16. Jahrhundert errichtetes Wirtschaftsgebäude mit Mansardendach. Eine Feldsteinmauer umfasst das gesamte Ensemble. Von der ehemaligen Vorburg ist nur eine wuchtige Scheune aus der Zeit um 1800 erhalten. Die Anlage dient heute als rustikale Herberge, Gaststätte und Falknerei. Der historische Rahmen wird regelmäßig für »Mittelalterspektakel« und einen Weihnachtsmarkt genutzt

Hof mit Wohnflügel und Bergfried

Landschaftspark mit Herrenhaus

Reichenberg

Herrenhaus (Wohnung)

Im Landkreis Märkisch-Oderland, etwa zehn Kilometer westlich von Neuhardenberg, befindet sich eines der wenigen märkischen Gutshäuser, dessen Entstehung noch in die Zeit des Soldatenkönigs datiert. Die 1335 erstmals als »Riechenberg« erwähnte Siedlung wurde um 1500 in Reichenberg umbenannt und ist wohl eine deutsche Gründung. Reichenberg ist heute ein Ortsteil der Gemeinde »Märkische Höhe«. Das von 1737 an errichtete Gutshaus ist ein stattlicher eingeschossiger Putzbau auf einem Feldsteinsockel unter einem Mansardwalmdach. Auf der Parkseite besitzt es einen zweigeschossigen übergiebelten Mittelrisalit, vor dem sich eine altanartige überdachte Terrasse befindet, von der eine Freitreppe in den kleinen Landschaftspark führt. Die Fassaden sind durch Gesimse und gequaderte Pilaster verhältnismäßig reich gegliedert. Im Inneren haben sich die Treppe und einige Stuckverkleidungen erhalten. Im Vestibül finden sich fünf Reliefmedaillons nach Vorlagen des klassizistischen Bildhauers Thorvaldsen (1770–1844). Östlich des Hauses befinden sich die um einen rechteckigen Wirtschaftshof gruppierten, im 19. Jahrhundert errichteten Ställe und Scheunen des einstigen Landgutes. Dieses gehörte zuletzt der Familie von Tettenborn. Von 1951 bis 1998 war das Gutshaus Zentralschule für die umliegenden Dörfer, die Gutsgebäude nutzte die LPG. Während der Park heute einen guten Eindruck macht, befinden sich die Bauten in deprimierendem Zustand. Die Privatleute, die die Anlage in den 90er-Jahren erwarben, sind ungeachtet ihres Engagements bereits mit dem Gutshaus offenkundig derart überfordert, dass an eine Sanierung der Hofes gar nicht zu denken ist.

Südfassade

Roskow

Herrenhaus (Schule/leer stehend)

Etwa fünfzehn Kilometer nordöstlich von Brandenburg befindet sich das dreiflügelige Barockschloss, das mit seinen reich gestalteten Prunkfassaden in auffälligem Kontrast zu dem eher schmucklosen Ort steht. Das Dorf, das im Mittelalter zu den Gütern des Klosters Lehnin gehörte, gelangte 1334 in den Besitz derer von Bredow und 1656 durch Kauf an die Familie von Katte. Der als Jugendfreund des Kronprinzen Friedrich zu tragischer Berühmtheit gelangte Hans Herrmann von Katte entstammte zwar der gleichen Familie, jedoch einer anderen, der Wuster Linie. Der zweigeschossige, mit kurzen Stummelflügeln in den Hof ragende Bau wurde 1723–27 für Hans Christoph III. von Katte errichtet und zählt zu den baukünstlerisch bedeutenderen märkischen Herrenhäusern der Epoche. Er wurde 1880–90 durch Hofbaurat Gerhard Hauer im Neobarockstil so geschickt umgebaut, dass die Unterscheidung von alt und neu nicht leicht fällt. Tatsächlich stammt der in der Art eines Zeughauses drapierte sandsteinerne Trophäenschmuck über dem Mittelrisalit aus dem 18. Jahrhundert. Skulpturale Natursteineinfügungen waren bei den märkischen Landsitzen des 18. Jahrhunderts eine seltene Ausnahme und finden sich fast nur an landesherrlichen Schlössern. Die neubarocken Fassadendekorationen wurden stilistisch passend ergänzt. Im Inneren haben sich unter anderem die großzügige Treppenanlage und der reich stuckierte Festsaal im Obergeschoss erhalten. Nach der Enteignung der Kattes wurde das Haus zunächst als Heim für Flüchtlinge und seit 1952 als Schule genutzt. Derzeit steht es wegen Baufälligkeit leer und kann nur von außen besichtigt werden.

Herrenhaus, Hofseite

Sauen

Herrenhaus (UdK)

Etwa zehn Kilometer nördlich von Beeskow besitzen die Berliner Kunsthochschulen seit 1993 ein wenig bekanntes Idyll. Das um die Mitte des 18. Jahrhunderts entstandene Herrenhaus befindet sich auf einem von einer hohen Mauer umschlossenen, als Landschaftspark gestalteten Grundstück. Das 1346 erstmals erwähnte Dorf ist allseits von Wäldern umgeben, deren heutiger Zustand in direkter Verbindung mit der Geschichte des Hauses steht. Der zweiflügelige Bau besitzt nach Süden eine symmetrische Schaufassade, die aus einem zweigeschossigen Mittelrisalit besteht, der beiderseits von eingeschossigen Seitentrakten flankiert wird. Während die Seitentrakte keinerlei Fassadenschmuck aufweisen, ist der als Corps de Logis gestaltete Mitteltrakt durch Gesimse und rustizierte Lisenen gegliedert. Auffällig sind die großen Sprossenfenster. Eine gewisse Bekanntheit erlangte das entlegene Gut, als es 1912 der Professor für Chirurgie an der Berliner Charité, August Bier (1861–1949), erwarb. In Sauen frönte Bier seiner zweiten Leidenschaft, der Forstwirtschaft. In den 37 Jahren, die er hier verbrachte, gestaltete er die umgebenden Kiefernwälder zu artenreichen Mischwäldern um. Am 12. März 1949 wurde er im Sauener Forst beerdigt. Das Anwesen wurde in den neunziger Jahren denkmalgerecht restauriert und wird von den vier Berliner Kunsthochschulen für Symposien und Begegnungen genutzt. Das Grundstück ist nicht öffentlich zugänglich.

Schenkendorf

Schloss/Mosse-Villa (Museum)

Das Anwesen auf halber Strecke zwischen Mittenwalde und Königs Wusterhausen ist in den vergangenen Jahren vor allem durch seinen skurrilen und geschäftstüchtigen Besitzer zu allgemeiner Bekanntheit gelangt. »Schloss« Schenkendorf wurde erst 1896 als großbürgerlicher Landsitz für den Berliner Verleger Rudolf Mosse (1843–1920) in dem ehemaligen Rittergut erbaut, das er im gleichen Jahr erworben hatte. Es steht damit in einer Reihe mit Bauten wie Schloss Hubertushöhe oder Schloss Sommerswalde. Mosse wurde durch die Gründung von Zeitungen wie der »Berliner Morgenpost«, dem »Berliner Tageblatt« oder der »Handelszeitung« sowie durch ein geschickt angekurbeltes Anzeigengeschäft zu einem der erfolgreichsten und wohlhabendsten Verleger seiner Zeit. Er starb 1920 bei einem Autounfall in Schenkendorf. Da seine jüdische Familie von den Nazis enteignet worden war, wurde der Restitutionsantrag seiner Erben nach der Wiedervereinigung positiv beschieden. Diese verkauften die Liegenschaft 1995 an den Berliner Antiquitätenhändler Ottomar Berbig. Berbig befand sich im Besitz der Adoptionsurkunde einer rumänischen Prinzessin, die angeblich von dem transsylvanischen Fürsten Vlad Tepes (Dracula) abstammte. Berbig hatte die zwar geschmacklich fragwürdige, geschäftlich jedoch einige Jahre tragfähige Marketingidee, Schloss Schenkendorf als Schloss Dracula mit Mittelalterspektakeln, Blutspenderpartys u.ä. zu vermarkten. Seit 2006 sucht ein Konkursverwalter nach einem neuen Konzept. Berbig erlag 2007 einem Krebsleiden. Die überdimensionierte Villa ist ein gelb verklinkerter zweigeschossiger Neorenaissancebau, der aus drei Flügeln besteht. Der Verbindungsflügel besitzt zum Park hin eine eingeschossige Galerie unter einem Altan. Die Fassaden sind vor allem durch die großen Rundbogenfenster und -türen geprägt. Die reiche Innenausstattung hat die Nachkriegsjahrzehnte, in denen das Haus von der NVA genutzt wurde, in guter Verfassung überstanden. Gleichwohl wäre es an der Zeit, dass sich ein solventer Investor findet, der das Gebäude durchgreifend saniert und gemäß dem von Ottomar Berbig geäußerten Wunsch wieder öffentlich zugänglich macht.

Schloss von Südosten

Schmerwitz

Herrenhaus (leer stehend)

Das Herrenhaus in Schmerwitz am Nordrand des Hohen Flämings gehörte zu den Bauten, die zu DDR-Zeiten in keinem Reise- und Kulturführer auftauchten. Das hatte seinen Grund – das Anwesen diente als Landesparteischule der SED, die es von der sowjetischen Militärkommandantur als »Geschenk« erhalten hatte. Das angegliederte vormalige Landgut fungierte als VEG (Volkseigenes Gut).

Schmerwitz war ursprünglich ein im 16. Jahrhundert errichtetes Vorwerk von Wiesenburg. Von diesem hat sich der kreuzgratgewölbte Keller erhalten. Zusammen mit Wiesenburg, Hagelberg und einigen anderen Gütern gehörte es der Familie Brandt von Lindau. 1736 ließ sich Carl Friedrich Brandt von Lindau den schlichten barocken Kernbau mit dem mächtigen Walmdach erbauen, dessen ursprüngliches Erscheinungsbild auf der Westseite – mit Ausnahme des im 20. Jahrhundert angelegten Mittelrisalits – noch weitgehend erkennbar ist. Noch im 18. Jahrhundert wurden auf der Ostseite zwei einen Hof umfassende Seitenflügel angefügt. Diese wurden 1871/72 in reichem Neobarock zweigeschossig neu errichtet. Zugleich wurde die Hofseite des Altbaus auf zwei Geschosse erhöht und die Fassadengestaltung den Neubauten angeglichen. Die drei mittleren Achsen wurden als Risalit mit vorgelagerter Terrasse ausgebildet. Der südliche der beiden Seitenflügel brannte 1972 ab. 1871 wurde östlich des Hofes das zweigeschossige rechteckige Verwalterhaus errichtet, das den gleichen Fassadenaufriss zeigt wie das Schloss. Der Hof war als barocker Ziergarten mit symmetrischen Rabatten gestaltet.

In einigen Büchern aus den 1990er Jahren ist zu lesen, dass sich das Gebäude dank seiner Nutzung durch die Partei gut erhalten habe. Wenn dies ohnehin nur für das Äußere des Ensembles galt – mit dem einst prachtvollen Interieur hatten die Funktionäre weitgehend Tabula rasa gemacht, so kann man an den Fassaden heute ablesen, wie sich einige Jahre Leerstand auf ein Gebäude auswirken. Während auf dem Gutsgelände in Schmerwitz seit einigen Jahren erfolgreich biologische Landwirtschaft betrieben wird, hat sich für das Gebäude selbst bisher noch kein Investor gefunden.

Nördlicher Seitenflügel

»Cour d'honneur«

Schwante

Herrenhaus (leer stehend)

Die stattliche Dreiflügelanlage im westlichen Havelland unweit des gleichnamigen Autobahndreiecks hat schon bessere Tage gesehen. Nach DDR-Nutzung und zwischenzeitlich jahrelangem Leerstand hat die Pracht etwas gelitten. Die Geschichte des Hauses ist schnell erzählt. Das Gut befand sich vom späten 13. Jahrhundert bis 1888 im Besitz der Familie von Redern. Bis zu seinem Tod im Jahre 1916 gehörte es dem Berliner Immobilienspekulanten Richard Sommer (Sommerswalde) und danach bis zur Bodenreform der Familie von Bülow. Die von Redern wohnten im Spätmittelalter in einer hölzernen Wasserburg. Im frühen 17. Jahrhundert ließen sie sich ein »Festes Haus« errichten, von dem noch Kellergewölbe erhalten sind. Von 1741 bis 1744 wurde möglicherweise unter beratender Mitwirkung von Knobelsdorff für Wilhelm von Redern das bestehende Barockschloss errichtet. Von Redern stand dem Kronprinzen Friedrich nahe. Gleichwohl zeigt der Bau im Äußeren wie im Inneren eine zurückhaltende geometrische Formensprache und kaum Rokokoschnörkel. Eindrucksvoll im Inneren sind vor allem das Vestibül mit der Kassettendecke und die doppelläufige Treppe. Ungeachtet des oben Gesagten ist das verwunschene Schloss einen Abstecher wert und lässt sich mit Großziethen und Sommerswalde zu einem reizvollen Ausflug kombinieren.

Sonnewalde

Schloss (Wohnungen, Heimatstube)

Der elegante Renaissancebau, der heute als Sonnewalder Schloss wahrgenommen wird, ist nur das sogenannte Unter- oder Vorderschloss einer Anlage, die einst zu den größten in Brandenburg zählte. Das Hauptschloss fiel 1947 einem mutwillig gelegten Feuer zum Opfer.

Sonnewalde hat ungeachtet seines deutschen Namens wendische Wurzeln und hieß Grodzisko. Besitzer im 14. Jahrhundert waren die von Ileburg; nach einem wettinischen Intermezzo folgten 1486 die von Minkwitz. Nickel von Minkwitz ließ die Burg zu einer starken Festung ausbauen, von der aus er Raubzüge unternahm. 1537 kaufte Graf Philipp von Solms Sonnewalde. Der Zweig der aus dem Lahnkreis im heutigen Hessen stammenden Familie lebte hier bis 1945 und erwarb in der Niederlausitz noch eine Reihe weiterer Güter (Baruth, Golßen). Unter- und Oberschloss wurde zwischen 1578 und 1585 für Otto von Solms errichtet. Für den Renaissancebau wird der Baumeister Christoph Tendler aus Torgau genannt. Während an dem mächtigen vierflügeligen Oberschloss vom Ende des Dreißigjährigen Krieges bis zum 19. Jahrhundert immer wieder einschneidende Veränderungen vorgenommen wurden, hat sich das Unterschloss weitgehend sein ursprüngliches Erscheinungsbild bewahrt, wenngleich bei dem erwähnten Brand auch hier die hinteren Abschnitte verloren gingen. Das Gebäude besteht hauptsächlich aus drei gegeneinander versetzten zweigeschossigen Einzeltrakten, von denen die beiden linken ihre unterschiedlich gestalteten Schweifgiebel der Stadt zuwenden, während der rechte seine Längsseite zeigt. Der nach hinten versetzte Mitteltrakt fungiert als Torhaus und besitzt in seinem Zentrum das reich gestaltete Sandsteinportal mit dem Allianzwappen des Otto von Solms und der Anna von Nassau von 1592, das in einen spitzbogigen, teilweise kreuzgratgewölbten, also wohl älteren Durchgang führt. Vor dem Gebäude befand sich einstmals ein Wassergraben mit einer Zugbrücke. Um das zerstörte Hauptschloss hat sich ein Landschaftspark und darin das Erbbegräbnis der Grafen zu Solms erhalten.

Unterschloss

Herrenhaus von Westen

Stülpe

Herrenhaus (Privatwohnung)

Die Geschichte des Landgutes Stülpe im Niederen Fläming wurde durch drei bekannte märkische Familien geprägt. Im 15. Jahrhundert herrschten hier die von Schlieben, im 16. und 17. Jahrhundert ein Zweig derer von Hake, und am Ende des Dreißigjährigen Krieges wurde das Gut von den Rochow erworben, in deren Besitz es bis 1945 verblieb. Wie die anderen Bauten der von Rochow – die Herrenhäuser in Reckahn, Plessow und Golzow – ist das Stülper Haus architektonisch vergleichsweise anspruchsvoll. Das Schloss wurde von 1740 bis 1754 für Adam Ernst II. von Rochow auf den Fundamenten eines dreiflügeligen Vorgängerbaus errichtet. Das zweigeschossige Rokokogebäude verfügt über eine durch Mittel- und Seitenrisalite, aufwendige Freitreppen, ionische Pilaster und Säulen, Altane und Balkone sowie große, teils rundbogige Sprossenfenster geprägte, ungewöhnlich detailreiche Fassadengestaltung. Auf der Straßenseite bilden die Wirtschaftsgebäude einen Vorhof; auf der Westseite befindet sich ein Landschaftspark. Der letzte Besitzer Hans Wichard von Rochow, ließ den Mittelrisalit auf der Gartenseite übergiebeln. Die Nutzung als Altersheim in den Jahren der DDR hat das Herrenhaus in recht guter Verfassung überstanden. Im Inneren beeindruckt vor allem die wirkungsvolle Treppenanlage. Das 1999 bis 2000 restaurierte Haus befindet sich heute in Privatbesitz. Zu besonderen Anlässen wie etwa dem Tag des offenen Denkmals ist das Schloss der Öffentlichkeit zugänglich.

Schloss, Westfassade

Trebnitz

Schloss (Begegnungsstätte)

Etwa dreißig Kilometer nordwestlich von Frankfurt/Oder liegt das kleine Dörfchen, dessen weithin sichtbare architektonische Dominante das zweieinhalbgeschossige Herrenhaus mit auftrumpfendem säulengerahmten Mittelrisalit und steilem Mansardendach bildet. Der eindrucksvolle, in den 1990er Jahren neu verputzte Bau kann auf eine komplizierte Besitz- und Baugeschichte zurückblicken. In der Liste der Eigentümer tauchen auch prominente Namen wie Derfflinger und Zieten auf. Seit Anfang des 19. Jahrhunderts gehörte das Gut der Familie von Brünneck. Diese ließ den ursprünglichen Barockbau – dessen Entstehungsdaten nicht überliefert sind – zwischen 1900 und 1910 zu der bestehenden Neobarockanlage erweitern. Der fünfachsige Vorgängerbau bildet vermutlich den Kern des heutigen Mitteltraktes. Nach dem Krieg diente das Gebäude als Wohnhaus, FDJ-Zentrum und LPG-Sitz. Heute ist hier ein internationales Jugendbegegnungszentrum untergebracht. Auf der Rückseite des Hauses befindet sich ein weitläufiger Landschaftspark.

Vetschau

Schloss (Behörden)

Die Gestaltung des gepflegten kleinen Landschaftsparks von Schloss Vetschau gibt zu erkennen, dass man sich hier am Südrand des Spreewaldes befindet. Das Mühlenfließ, das auch den Schlossgraben speist, ist mit seinen gewundenen Wasserläufen, in denen sich kleine Inseln befinden, zu einer Spreewaldlandschaft en miniature geformt worden. Die im Jahre 1304 erstmals erwähnte sorbische Siedlung hat im Laufe ihrer Geschichte etliche Herrschaften gesehen. Auf die Ritter von Vetschau folgten die von Strehle, von Torgau, von Biberstein, von Pannwitz, von Zabeltitz, von Schlieben, die kursächsische Sekundogenitur Sachsen-Weißenfels, von Promnitz und zu Lynar. Seit 1920 befindet sich das Schloss im Besitz der Stadt. Das um einen kleinen Hof erbaute dreigeschossige Wasserschloss wurde ursprünglich 1540 für Eustachius von Schlieben erbaut. Im 18. Jahrhundert erhielt es auf der Stadtseite den dominanten Fachwerkturm mit Haube. Im 19. Jahrhundert wurden die Fassaden verändert, der Mittelrisalit geschaffen und einige historistische Säle eingerichtet. Der Wassergraben mit der Zugbrücke wurde auf der Stadtseite beseitigt. Nach 1920 wurden die Innenräume für behördliche Nutzungen umgestaltet. Diese Zweckbestimmung hat der nach der Wiedervereinigung umfassend restaurierte Bau im Wesentlichen noch heute. Trotzdem sind viele historische Räume erhalten, etliche mit Netz- oder Kreuzgratgewölben und Deckenbemalungen. Die Freitreppe im Hof führt in den prachtvollen, reich stuckierten Rittersaal, der 1931 zum Festsaal umgebaut wurde. Im Speisesaal befindet sich ein kleines Schlossmuseum. Schloss Vetschau liegt etwa auf halber Strecke zwischen Lübbenau und Cottbus unmittelbar an der A 15, ist also trotz der Entfernung zu Berlin gut zu erreichen.

Schloss von Westen

Herrenhaus von Westen

Wustrau

Herrenhaus (Richterakademie)

In idyllischer Lage am westlichen Ufer des Ruppiner Sees besitzt die deutsche Richterakademie mit Wustrau den zweifellos attraktiveren ihrer beiden Standorte. Das Schloss wurde von 1747 bis 1750 für einen der berühmtesten preußischen Generäle erbaut, den Husarengeneral Hans Joachim von Zieten (1699–1786). Dieser erwarb sich in den Feldzügen Friedrichs des Großen einen legendären Ruf und spielte in zahlreichen Schlachten der beiden Schlesischen und des Siebenjährigen Krieges eine maßgebliche Rolle. Der Familie von Ziethen gehörte seit dem Spätmittelalter eines der drei Wustrauer Rittergüter. Im Jahre 1765 konnte Hans Joachim die beiden anderen Güter hinzuerwerben. Das zweigeschossige, elfachsige Gebäude mit reich gegliederter Fassade entstand mit Förderung des Königs, der im gleichen Jahr starb wie der dreizehn Jahre ältere General. Zietens Sohn Friedrich Christian ließ einen öffentlich zugänglichen Gutspark anlegen. Am Ende des 19. Jahrhunderts wurde das Herrenhaus seeseitig um einen breiten Seitenflügel und nach Norden um einen polygonalen Pavillon erweitert. Nach der 1945 erfolgten Enteignung der Familie diente das Gebäude zunächst als Wohnhaus und später als Schule. Es überstand die DDR-Jahre in vergleichsweise guter Verfassung und wurde in den neunziger Jahren aufwendig saniert.

Zossen

Herrenhaus (leer stehend)

Etwa hundert Meter nördlich der Dreifaltigkeitskirche befindet sich an der Kirchstraße der seit Jahren ungenutzte Rest einer einstmals bedeutenden Schloss- und Festungsanlage. Zossen war bis in 15. Jahrhundert sächsische Grenzfestung. 1490 gelangte die Herrschaft durch Kauf an den brandenburgischen Kurfürsten Johann Cicero. 1546 verlieh Joachim II. Zossen die Stadtrechte. Die im Kern aus dem 13. Jahrhundert stammende und im 16. und 17. Jahrhundert ausgebaute Wasserburg wurde im Dreißigjährigen Krieg von den Schweden zerstört. Von der Festung waren nur die noch bestehende Ruine der Bastion und ein Bergfried erhalten geblieben, dessen Reste 1755 abgetragen wurden. Westlich davon wurde seit dem 17. Jahrhundert ein zweigeschossiges Schloss auf H-förmigem Grundriss errichtet. Der Bau wurde vor allem im 19. Jahrhundert und letztmalig 1920 so stark verändert, dass der Renaissance-Kern unter den Neorenaissance-Ergänzungen nicht mehr zu erkennen ist. Nach der Bodenreform wurde das Haus vom Rat der Stadt als Verwaltungsgebäude genutzt. Der Fassadenschmuck wurden größtenteils abgeschlagen und glatt überputzt. Das Schloss steht seit einigen Jahren leer und kann hinter einer Umzäunung nur aus der Entfernung betrachtet werden. Mit dem von vier dorischen Säulen getragenen Altan über dem Vestibül und den beiden Schmuckgiebeln, deren nördlicher noch Teile seiner originalen Fassadengliederung besitzt, ist der Bau noch immer wirkungsvoll.

Herrenhaus von Südwesten

Literaturauswahl

Arnim, Dankwart Graf von: Als Brandenburg noch die Mark hieß – Erinnerungen. Berlin 1991

Badstübner-Gröger, Sibylle (Hg.): Burgen, Schlösser und Herrenhäuser in Brandenburg. Berlin 2008

Badstübner-Gröger, Sibylle (Hg.): Schlösser und Gärten der Mark – über siebzig Einzeldarstellungen, veröffentlicht vom »Freundeskreis Schlösser und Gärten der Mark«. Berlin 1995ff.

Bath, Herbert: Die Schlösser und Herrenhäuser in Berlin und Brandenburg. Berlin 2001

Czech, Vinzenz: Burgen, Schlösser, Herrenhäuser – Berlin und Brandenburg. Petersberg 2007

Dehio – Handbuch der Deutschen Kunstdenkmäler: Berlin. München/Berlin 2000

Dehio – Handbuch der Deutschen Kunstdenkmäler: Brandenburg. München/Berlin 2000

Duncker, Alexander: Herrenhäuser in Brandenburg und der Niederlausitz, Berlin 1857–83. Kommentierte Neuausgabe Berlin 2000

Eulenburg-Hertefeld, Wend Graf zu: Ein Schloss in der Mark Brandenburg – Erinnerungen an Liebenberg. Stuttgart 1990

Heckmann, Herrmann (Hg.): Brandenburg – Historische Landeskunde Mitteldeutschlands. Würzburg 1991

Heinrich, Gerd (Hg.): Handbuch der historischen Stätten Deutschlands: Berlin und Brandenburg. Stuttgart 1995

Helmigk, Hans Joachim: Märkische Herrenhäuser aus alter Zeit. Berlin 1929

Jager, Markus (Hg.): Schlösser und Gärten der Mark. Festgabe für Sibylle Badstübner-Gröger. Berlin 2006

Landesregierung Brandenburg (Hg.): Baukunst in Brandenburg. Köln 1992

Lüdemann, Jo: Burgenführer Brandenburg. Berlin 2001

Piltz, Georg: Schlösser und Gärten in der Mark Brandenburg. Leipzig 1991

Rössing, Roger: Schlösser und Herrenhäuser in Brandenburg. Würzburg 1995

Sobotka, Bruno J. (Hrsg.): Burgen, Schlösser, Gutshäuser in Berlin und Brandenburg. Stuttgart 1996

Steyer, Claus-Dieter: Schlösser und Herrenhäuser in Brandenburg. Berlin 2006

Streidt, Gert und Peter Feierabend (Hg.): Preußen – Kunst und Architektur. Köln 1999

Praktische Hinweise

Im Buch behandelte Bauten, die hier nicht aufgeführt werden, sind nicht öffentlich zugänglich.

Alt Madlitz
Schlossgut
Gutsverwaltung Alt Madlitz
Lindenstr. 19
OT Alt Madlitz
15518 Madlitz-Wilmersdorf
Tel. 033607/219
Fax.: 033607/293
schlossgut@schloss-alt-madlitz.de
www.schloss-alt-madlitz.de

Altdöbern
www.schloesser-gmbh.de

Altranft
Brandenburgisches Freilichtmuseum Altranft
Am Anger 27
16259 Bad Freienwalde
OT Altranft
Tel. 03344/414300
Fax 03344/414325
freilichtmuseum-altranft@t-online.de
www.freilichtmuseum-altranft.de

Berlin-Biesdorf
Stiftung OST-WEST-BEGEGNUNGSSTÄTTE
Schloss Biesdorf e.V.
Maisweg 51
12683 Berlin
Tel. 030/54708749
Fax 030/54708762
info@stiftung-schloss-biesdorf.de
www.stiftung-schloss-biesdorf.de

Berlin-Britz
Schloss Britz
Alt-Britz 73
12359 Berlin (Neukölln)
Tel. 030/60979230
Fax 030/6064809
www.schloss-britz.de

Berlin-Dahlem
Domäne Dahlem
Königin-Luise-Straße 49
14195 Berlin
Tel. 030/6663000
Fax 030/8316382
www.domaene-dahlem.de

Berlin-Friedrichsfelde
Am Tierpark 125 (im Tierpark)
10319 Berlin-Lichtenberg
Infoline 030/24002162
Stiftung Stadtmuseum Berlin
www.stadtmuseum.de

Berlin-Grunewald
Alma Hotelmanagment GmbH
Schlosshotel im Grunewald
Brahmsstraße 10
14193 Berlin
Tel. 030/895840
Fax 030/89584800
info@schlosshotelberlin.com
www.schlosshotelberlin.com

Berlin-Kladow
www.kulturpark-berlin.de

Berlin-Lankwitz
Deutsches Musikarchiv
Gärtnerstraße 25–32
12207 Berlin
www.d-nb.de

Berlin-Lichterfelde
Hindenburgdamm 28
12203 Berlin
Tel. 030/84411040

Berlin-Mahlsdorf
Förderverein
Gutshaus Mahlsdorf e.V.
Gründerzeitmuseum
Hultschiner Damm 333
12623 Berlin
Tel. 030/5678329
Fax 030/56594873
www.gruenderzeitmuseum.de

Berlin-Marienfelde
Alt-Marienfelde 17
12277 Berlin

Berlin-Steglitz
Gutshaus Steglitz
Schlossstraße 48
12165 Berlin
Tel. 030/902993924
Fax 030/902993382
www.berlin.de/ba-steglitz-zehlendorf/derbezirk/gutshaus-steglitz.html

Blankensee
Schloss Blankensee
Dorfstraße 1
14959 Trebbin
OT Blankensee
Tel. 033731/31190
Fax 033731/71111
info@schloss-blankensee.de
www.schloss-blankensee.de

Blossin
Gutsschloss Blossin – Tagungshotel
Anger 7
15754 Blossin
Tel. 033767/74302
Fax 033767/74333
www.gutsschloss-blossin.de

Boitzenburg
Schlosshotel Boitzenburg
Templiner Straße 13
17268 Boitzenburger Land
Tel. 039889/50930
Fax 039889/5093930
info@schloss-boitzenburg.de
www.schloss-boitzenburg.de

Brandenburg-Plaue
www.schlossplaue.de

Cottbus-Branitz
Stiftung Fürst-Pückler-Museum
Park und Schloss Branitz
Gutshof
Robinienweg 5
03042 Cottbus
Tel. 0355/75150
Fax 0355/7515230
info@pueckler-museum.de
www.pueckler-museum.de

Demerthin
PrignitzDorf Demerthin e.V.
Schlossbüro
Schulstraße 10
16866 Gumtow
OT Demerthin
Tel. u. Fax 033977/80344
kontakt@schloss-demerthin.de
www.schloss-demerthin.de

Diedersdorf(Landkreis Märkisch Oderland)
Schloss Diedersdorf – Haus der Beratung Ltd.
15306 Vierlinden
OT Diedersdorf
Tel. 03346/85550
Fax.: 03346/855555
info@ziegenhagen.org
www.schlossdiedersdorf.com

Diedersdorf (Landkreis Teltow-Fläming)
Schloss Diedersdorf
Kirchplatz 5–6
15831 Diedersdorf
Tel. 03379/35350
Fax 03379/353535
schlossdiedersdorf@t-online.de
www.schlossdiedersdorf.de

Doberlug-Kirchhain
www.schloesser-gmbh.de

Elsterwerda
Elsterschloss-Gymnasium
Schlossplatz 1a
04910 Elsterwerda
www.elsterwerda.de

Fürstlich Drehna
www.schloss-f-drehna.de

Genshagen
Stiftung Genshagen
Berlin-Brandenburgisches Institut für Deutsch-Französische Zusammenarbeit in Europa
Im Schloss
14974 Genshagen
Tel. 03378/805931
Fax 03378/870013
institut@stiftung-genshagen.de
www.stiftung-genshagen.de

Gerswalde
Jugendheim Gerswalde
Dorfmitte 17
17268 Gerswalde
Tel. 039887/371
Fax 039887/4779

Gollwitz
Stiftung Begegnungsstätte Gollwitz
Bingerstr. 57a
14197 Berlin
Tel. 030/88566510
Fax 030/88566599
brand@stiftunggollwitz.de
www.stiftunggollwitz.de

Großkmehlen
www.schloesser-gmbh.de

Groß Rietz
Schloss Groß Rietz
Nebenstraße 4
15848 Rietz Neuendorf
OT Groß Rietz
www.schloesser-gmbh.de

Groß Ziethen
Schloss Ziethen
Privat Hotel und Restaurant
16766 Kremmen
OT Groß Ziethen
Tel. 033055/950 · Fax 033 055/9559
info@schlossziethen.de
www.schlossziethen.de

Gusow
Schloss Gusow
Schlossstrasse 7
15306 Gusow
Tel. 03346/8725 oder 030/8315908
Fax 03346/845542
info@schloss-gusow.de
www.schloss-gusow.de

Hagelberg/Klein Glien
Gutshof Glien
Hotel und Restaurant
Hauptstrasse 25
14806 Hagelberg/Belzig
OT Klein Glien
Tel. 033841/3883 · Fax 033841/38840
service@gut-glien.de
www.gut-glien.de

Herrenstein
Hotel Schloss Herrenstein
17268 Gerswalde
OT Herrenstein
Tel. 039887/710 · Fax 039887/71175
info@hotel-schloss-herrenstein.de
www.hotel-schloss-herrenstein.de

Hoppenrade
Schlossführungen: 033088/50180

Hubertushöhe
Hotel Schloss Hubertushöhe
Robert-Koch-Str. 1
15859 Storkow
Tel. 033678/430
Fax 033678/43100
schloss@hubertushoehe.de
www.hubertushoehe.de

Ihlow
Landhaus Ihlow
Seminar- und Erholungszentrum
Ihlower Ring 7
15377 Oberbarnim
Tel. 033437/89944
Fax 033437/89945
info@landhaus-ihlow.de
www.landhaus-ihlow.de

Kleinmachnow
Hakeburg Kleinmachnow
Tel. 033203/70 600
Fax 033203/70 601
info@hakeburg.com
www.hakeburg.com

Kröchlendorff
www.schloss-kroechlendorff.de

Liebenberg
Schloss und Gut Liebenberg
Ortsteil Liebenberg
16775 Löwenberger Land
Tel. 033094/700500
Fax 033094/700599
hotel@schloss-liebenberg.de
www.schloss-liebenberg.de

Lieberose
www.schloesser-gmbh.de

Lietzen
Komturei Lietzen
15306 Lietzen Nord 38
Tel. 033470 / 4960
Fax 033470 / 49660
info@komturei-lietzen.de
www.komturei-lietzen.de

Lübben
Stadt- und Regionalmuseum
Ernst-von-Houwald-Damm 14
15907 Lübben (Spreewald)
Tel. 03546 / 187478
Fax 03546 / 186369
museum@tks-luebben.de
www.schloss-luebben.de

Lübbenau
Hotel Schloss Lübbenau
Schlossbezirk 6
03222 Lübbenau
Tel. 03542 / 8730
Fax 03542 / 873666
hotel@schloss-luebbenau.de
www.schloss-luebbenau.de

Martinskirchen
www.schloesser-gmbh.de

Meyenburg
Modemuseum Schloss Meyenburg
Schloss 1
16945 Meyenburg
Tel. 03396 / 8508961
kontakt@modemuseum-schloss-meyenburg.de
www.modemuseum-schloss-meyenburg.de
Heimatmuseum
Freundeskreis Schloss Meyenburg e.V.
Schloss 1
16945 Meyenburg
Tel. 033968 / 502974
Fax 033968 / 502975
freundeskreis@schloss-meyenburg.de
www.schloss-meyenburg.de

Meseberg
Gästehaus der Bundesregierung Meseberg
Meseberger Dorfstraße
16775 Gransee
OT Meseberg
www.schloss-meseberg.de

Neuhardenberg
Schinkelplatz
15320 Neuhardenberg
Tel. 030 / 889290-0
Fax 030 / 889290-20
www.schlossneuhardenberg.de
info@schlossneuhardenberg.de

Petzow
Schloss Petzow wird 2009 als Schlosshotel eröffnet.
Resort Schwielowsee
Am Schwielowsee 117
14542 Werder
OT Petzow
Tel. 03327 / 56960
Fax 03327 / 5696999
office@resort-schwielowsee.de
www.resort-schwielowsee.de

Potsdam-Marquardt
www.schloss-marquardt.com

Prötzel
inf@schlosskunst.de
www.schlosskunst.de

Rabenstein
Burg Rabenstein
Zur Burg 49
14823 Rabenstein/Fläming
Tel. 033848 / 60221
Fax 033848 / 60230
herberge@burgrabenstein.de
www.burgrabenstein.de

Reckahn
Reckahner Dorfstraße 27
14797 Kloster Lehnin
Ortsteil Reckahn
Tel. 033835 / 60672
Fax 033835 / 60665
www.rochow-museum.de
siebrecht@rochow-museum.de

Reichenow
Schloss Reichenow GbR
Dorfstraße 1
15345 Reichenow
Tel. 033437 / 3080
Fax 033437 / 30888
schlossreichenow@schlossreichenow.de
www.schlossreichenow.de

Sallgast
Schlosspark Hotel Sallgast
Parkstraße 4
03238 Sallgast
Tel. 035329 / 59960
Fax 035329 / 5996137
kontakt@schloss-sallgast.de
www.schloss-sallgast.de

Sauen
Universität der Künste Berlin
Zentrale Universitätsverwaltung
Helene Schmidt
Postfach 12 05 44 · 10595 Berlin
Tel. 030 / 31852430
Fax 030 / 31852920
helene.schmidt@intra.udk-berlin.de

Siethen
Jugendheim Siethen
Potsdamer Chausse 11
14974 Ludwigsfelde / OT Siethen
Tel. 03378 / 85780
Fax 03378 / 857822
jh.siethen@gfb-potsdam.de

Sommerswalde
Dharmakaya
Schloss Sommerswalde e.V.
Sommerswalde 8
16727 Schwante
info@tashi-choeling.de
www.tashi-choeling.de

Sonnewalde
Heimatstube
Schlossstr. 21 · 03249 Sonnewalde
Tel. 035323 / 479

Steinhöfel
Schloss Steinhöfel
Hotel – Restaurant – Café
Schlossweg
15518 Steinhöfel
Tel. 033636 / 2770
Fax 033636 / 27777
info@schloss-steinhoefel.de
www.schloss-steinhoefel.de

Trebnitz
Schloss Trebnitz Bildungs- und Begegnungszentrum e.V.
Platz der Jugend 6
15374 Müncheberg / OT Trebnitz
Tel. 033477 / 5190
Fax 033477 / 51915
schloss.trebnitz@t-online.de
www.schloss-trebnitz.de

Wiepersdorf
Künstlerhaus Schloss Wiepersdorf
Deutsche Stiftung Denkmalschutz
Bettina-von-Arnim-Str. 13
14913 Wiepersdorf
Tel. 033746 / 6990
Fax 033746 / 69919
info@schloss-wiepersdorf.de
www.schloss-wiepersdorf.de

Wiesenburg
Schloss Wiesenburg GbR
Schloss · 14827 Wiesenburg
Tel. 033849 / 55890
Fax 033849 / 55899
arne.ahlert@schloss-wiesenburg.de
www.schloss-wiesenburg.de

Wolfshagen
Foelsch & Fanselow
Schlossmuseum & Hotel-Restaurant am Schloss Wolfshagen
Putlitzer Straße 16
19348 Wolfshagen/Prignitz
Tel. 038789 / 61063
Fax 038789 / 900034
info@schlossmuseum-wolfshagen.de
www.schlossmuseum-wolfshagen.de

Wulkow
Parkhotel Schloss Wulkow
Hauptstraße 24
15320 Wulkow bei Neuhardenberg
Tel. 033476 / 580
Fax 03 34 76 / 58444
schloss-wulkow@t-online.de
www.parkhotel-schloss-wulkow.de

Wustrau
Deutsche Richterakademie
Tagungsstätte Wustrau
Am Schloss 1
16818 Wustrau-Altfriesack
Tel. 033925 / 8970
Fax 033925 / 897202
wustrau@deutsche-richterakademie.de
www.deutsche-richterakademie.de

Architektur und Geschichte im Bergstadtverlag W.G. Korn

Friedhelm Grundmann

Carl Gotthard Langhans (1732–1808)

Lebensbild und Architekturführer

136 Seiten mit 184 Abbildungen, davon 28 in Farbe.
13,9 x 21,4 cm. Pappband.
ISBN 978-3-87057-280-8
€ 19,90 / sFr. 34,90

Knappe, prägnante Biographie des Baumeisters und Architekturführer zu seinen erhaltenen Bauten in Schlesien, Berlin und Potsdam.

Christian Greiff

Im Siegel drei Rochen

Brandenburg-preußische Geschichte in Lebensbildern

128 Seiten.
13,9 x 21,4 cm. Pappband.
ISBN 3-87057-266-3
€ 14,90 / sFr. 26,80

Streiflichter auf die Geschichte Brandenburg-Preußens und Schlesiens im Spiegel von Lebensbildern aus der Familie von Rochow.

Wolfgang Tschechne

Große Oder, großer Strom

Reisen zu einem verschwiegenen Fluss

192 Seiten mit 25 Abbildungen.
13,9 x 21,4 cm. Pappband.
ISBN 3-87057-270-1
€ 19,90 / sFr. 34,90

»... eine vielfältige Laudatio auf den Fluss ... 35 flott und unterhaltsam geschriebene Essays ...«
Schlesien heute

Christofer Herrmann

Burgen im Ordensland

Ein Reisehandbuch zu den Deutschordens- und Bischofsburgen in Ost- und Westpreußen

288 Seiten mit 210 Abbildungen und Grundrissen.
13,9 x 21,4 cm. Pappband.
ISBN 3-87057-271-X
€ 19,90 / sFr. 34,90

»Was bescheiden als Reisehandbuch dargeboten wird, ist doch weit mehr. [...] Konzentrierte, fachkundige Texte, mit sorgfältig ausgewählten Bildern und sogar eigenen Zeichnungen des Autors bereichert.«
Journal für Kunstgeschichte